西部地区农民金融能力效应研究

贾立 著

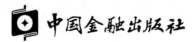

中国金融出版社

责任编辑：吕　楠
责任校对：孙　蕊
责任印制：丁淮宾

图书在版编目（CIP）数据

西部地区农民金融能力效应研究／贾立著 .—北京 ：中国金融出版
社，2023. 12
ISBN 978-7-5220-2218-5

Ⅰ.①西… 　Ⅱ.①贾… 　Ⅲ.①农村金融—研究—中国 　Ⅳ.①F832. 35

中国国家版本馆 CIP 数据核字（2023）第 210522 号

西部地区农民金融能力效应研究
XIBU DIQU NONGMIN JINRONG NENGLI XIAOYING YANJIU

出版
发行　中国金融出版社

社址　北京市丰台区益泽路 2 号
市场开发部　（010）66024766，63805472，63439533（传真）
网 上 书 店　www.cfph.cn
　　　　　　　（010）66024766，63372837（传真）
读者服务部　（010）66070833，62568380
邮编　100071
经销　新华书店
印刷　北京九州迅驰传媒文化有限公司
尺寸　169 毫米×239 毫米
印张　12
字数　201 千
版次　2023 年 12 月第 1 版
印次　2023 年 12 月第 1 次印刷
定价　89. 00 元
ISBN 978-7-5220-2218-5
如出现印装错误本社负责调换　联系电话（010）63263947

目　录

| 第1章 |

绪　论

1.1　获得感的时代背景

1.1.1　获得感的提出

福利和幸福是一个永恒的话题。诺贝尔经济学奖得主保罗·克鲁格曼和美国经济学家罗宾·威尔斯在谈及福利和幸福时曾这样描述："你可能认为资源的有效利用和金钱有关，也许它是用美元和美分来衡量的。但在经济学中，就像在生活中一样，金钱只是达到其他目的的手段。经济学家真正关心的衡量标准不是金钱，而是人们的幸福和福利。"[①]　正因为如此，世界各国都非常重视国民福利的改善和幸福感的提升。

最早开展幸福指数测度的国家是不丹。该国在 20 世纪 70 年代提出了国民幸福总值，其包括政府善治、经济发展、环境保护和文化传承四大方面。[②]　此后，其他国家也纷纷开始重视对国民幸福感的测度。法国于 2008年组建了经济表现和社会进步委员会。该委员会在 2009 年发布的长达 300页的报告中指出，经济发展测量体系应从生产导向转向幸福导向。[③]　英国国家统计局于 2010 年正式宣布对国民主观幸福感开展调查，以便调整政策，让英国成为一个人人感到幸福的国度。巴西于 2010 年通过 19 号宪法修正

---

① Paul Krugman, R. W. Macroeconomics. 2nd ed［M］. New York：Worth Publishers, 2013.

② 李万新. 参与式决策、可持续发展和创造幸福生活的不丹经验［J］. 公共行政评论, 2013, 6（1）：75-90+169-170.

③ 丘海雄，李敢. 国外多元视野"幸福"观研析［J］. 社会学研究, 2012, 27（2）：224-241+246.

案，将寻求幸福作为公民的权利写入国家宪法，受到国家法律的保障。[1] 此外，经济合作与发展组织（OECD）每年发布的"生活质量指数"涵盖公民参与、住房、家庭收入、工作与生活的平衡、技能和健康状况等各个方面。[2]

改革开放四十多年，我国经济总量已跃居世界第二，人均国内生产总值突破1万美元关口。[3] 然而，我国居民的幸福感并没有随之提升，出现了"幸福悖论"现象[4]。"幸福悖论"现象出现的原因可能在于"我国社会主要矛盾已经转化为人民日益增长的美好生活需要和不平衡不充分的发展之间的矛盾"，[5] 经济总量增长不再是国家发展的唯一重心，GDP和幸福感这类传统指标已经不能准确测量社会改革成果和国民的生活质量变化。作为社会主义国家，我国政府的初心和使命就是为人民谋幸福。因此，"获得感"这一具有中国特色的概念应运而生。2015年2月27日，习近平总书记针对我国在改革开放过程中存在的发展不平衡问题，指出要"把改革方案的含金量充分展示出来，让人民群众有更多获得感"。[6] 2016年习近平总书记不仅多次提到获得感，还提出将其作为改革成效的评价标准。2017年，党的十九大报告再次提出，要不断满足人民日益增长的美好生活需要，促进社会公平正义，形成有效的社会治理、良好的社会秩序，使人民获得感、幸福感、安全感更加充实、更有保障、更可持续。[7] 自此，"获得感"这一新概念更是引发了国内学者的关注。虽然在关于社会治理的国内外研究中，"幸福感""主观生活质量"等词汇与获得感有一定相似性，但前者更强调

① 鲁元平，王韬. 收入不平等、社会犯罪与国民幸福感——来自中国的经验证据 [J]. 经济学（季刊），2011，10（4）：1437-1458.

② OECD Better Life Index https：//www.oecdbetterlifeindex.org/#/11111111111.

③ 邱海峰. 我人均GDP破万 世界"万元户"翻番 [N]. 人民日报海外版，2020-01-21（001）.

④ 幸福悖论也被称为伊斯特林悖论、"幸福—收入之谜"，是由美国南加州大学经济学教授理查德·伊斯特林（R. Easterlin）在1974年的著作《经济增长可以在多大程度上提高人们的快乐》中提出，即：通常在一个国家内，富人报告的平均幸福和快乐水平高于穷人，但如果进行跨国比较，穷国的幸福水平与富国几乎一样高。从纵向来看，幸福悖论是指国民的幸福感水平并没有随着国家的经济增长而提升。

⑤ 习近平指出，中国特色社会主义进入新时代是我国发展新的历史方位，中国政府网. http：//www.gov.cn/zhuanti/2017-10/18/content_5232625.htm.

⑥ 习近平. 科学统筹、突出重点、对准焦距，让人民对改革有更多获得感 [N]. 人民日报，2015-02-28（001）.

⑦ 习近平. 决胜全面建成小康社会，夺取新时代中国特色社会主义伟大胜利——在中国共产党第十九次全国代表大会上的报告 [M]. 北京：人民出版社，2017：45.

个体的心理感受，偏重主观感知；获得感则更强调人们基于实际获得而产生的物质层面和精神层面的积极心理感受，是经济发展与幸福感之间的中间变量，反映的是民众在社会经济中的客观获得以及由此转化而来的主观性综合感知。获得感提升的关键因素在于人民是否能够共享改革成果，能否过上他们所期望的美好生活。

我们可以看出，获得感既关注人民的收入和社会保障等物质层面的实际获得，也包括公平、公正和享有权利等精神层面的实际获得，还包括基于实际获得的积极主观感受。使民众从改革当中实实在在地获得福利的增加和生活的改善，并使之充分分享改革的成果，是提升其获得感的关键。相对于 GDP，获得感更贴近居民生活，也更能体现人民从改革发展中得到的满足程度；相较于强调主观感受的幸福感，它更能体现我国经济、政治、文化、社会、生态等方面的发展成效。在中国特色社会主义建设的新时代，提升人民获得感是改革发展的落脚点、试金石和动力源。[1]

1.1.2　时代背景：乡村振兴与共同富裕

2018 年 9 月，中共中央、国务院印发《乡村振兴战略规划（2018—2022 年）》（以下简称《规划》）。《规划》明确提出，"全面建成小康社会和全面建设社会主义现代化强国，最艰巨最繁重的任务在农村，最广泛最深厚的基础在农村，最大的潜力和后劲也在农村"，"乡村是具有自然、社会、经济特征的地域综合体，兼具生产、生活、生态、文化等多重功能，与城镇互促互进、共生共存，共同构成人类活动的主要空间。乡村兴则国家兴，乡村衰则国家衰"。[2] 乡村振兴，需要推动农业全面升级、农村全面进步，实现农民的全面发展。在乡村振兴的关键时期，要聚焦城乡差距，围绕农民群众最关心的现实利益问题，"让亿万农民有更多实实在在的获得感、幸福感、安全感"。[3]

在《关于〈中共中央关于制定国民经济和社会发展第十四个五年规划和二〇三五年远景目标的建议〉的说明》中，习近平总书记指出"共同富裕是社会主义的本质要求，是人民群众的共同期盼。我们推动经济社会发

---

① 曹现强，李烁．获得感的时代内涵与国外经验借鉴［J］．人民论坛·学术前沿，2017（2）：18-28．

② 中共中央、国务院印发《乡村振兴战略规划（2018—2022 年）》，中国政府网（www.gov.cn），2018 年 9 月 26 日．

③ 秦富．让亿万农民有更多获得感、幸福感、安全感．人民网，2018 年 10 月 20 日．

展，归根结底是要实现全体人民共同富裕"。① 共同富裕的鲜明特征是"共同"，即非少数人的富裕，而是全体人民的富裕；内容是"全面"，即物质生活富裕、精神文化富裕和人的全面发展。② 共同富裕政策的提出为改善民生、提升农村家庭的获得感和幸福感明晰了发展的方向。

在现实生活中，家庭经济决策的目标是通过对各种要素的合理安排和规划，提升收入，累积财富，实现教育和医疗保障，从而最大化家庭福祉。《规划》提出"要将农村建成产业兴旺、生态宜居、乡村文明、治理有效、生活富裕的新农村"，以及"乡村振兴，生活富裕是根本。实施乡村振兴战略，不断拓宽农民增收渠道，全面改善农村生产生活条件，促进社会公平正义，有利于增进农民福祉"，再次表明了我国政府通过乡村振兴和新农村建设提升农村家庭福祉的政策意图。

1.2 为何基于金融能力的视角

自 20 世纪 90 年代以来，学者们对国民金融素养和金融能力进行了大量研究。研究者们普遍认为，金融能力既有利于人们通过合理的财务决策维持家庭财务健康，也有利于疏通家庭参与金融市场的渠道以便于其获取融资或进行投资。同时，国民金融能力的提升对一国的经济发展具有积极意义。因此，金融能力在国际上越来越受到政策制定者的关注。

1.2.1 何谓金融能力

"金融能力"概念源于金融素养。金融素养最早由 Noctort 等（1992）提出，是指个人使用和管理资金以做出明智判断和有效决策的能力。学术界对金融素养的理解包括：对基本金融概念的掌握以及对市场规则和工具的理解；做出金融行为或有效决策的能力；泛指个体为了实现金融福祉而有效管理金融资源的知识和技能。

Atkinson 在 2006 年首次提出"金融能力"概念，并用于描述人们管理个人财务所必需的金融知识、信心和动力。金融能力包括一系列与个人管理金钱、控制财务，以及规划未来的知识、技能和行为，反映了人们对金

---

① 习近平关于《中共中央关于制定国民经济和社会发展第十四个五年规划和二〇三五年远景目标的建议》的说明，央广网 http：//china. cnr. cn/news/20201104/t20201104_525318775. shtml.

② 央行副行长刘桂平解析共同富裕的核心 | 宏观经济，https：//baijiahao. baidu. com/s？id=1719514472667610107&wfr=spider&for=pc.

融的了解。这种能力可能会对贫困、压力、健康不良、生活机会、金融排斥和社会排斥产生一系列的连锁反应。Johnson 和 Sherraden（2007）定义的金融能力不仅包括金融素养，还包括接触适宜金融机构和产品的机会即金融可得性，内涵更为丰富。具备金融能力的人拥有一定的金融知识和技能，能够采取适宜的金融行为获得金融福利。

关于金融能力的研究涵盖了经济学、心理学和社会学等多个学科，试图通过融合个人金融行为、人类心理和社会经济结构，探究家庭金融决策提升家庭福利水平的路径。如果缺乏金融能力，家庭无法享受到适当且有益的金融产品和服务，就无法在日益复杂的金融环境中做出最佳财务决策，难以获得充满希望的生活，更难以获得对未来的信心和福祉。

1.2.2　普惠金融与农民金融能力

我国乡村的大多数经济活动与农村家庭密切相连。作为生产经营活动的基本社会单元，农村家庭在生产经营活动和生活中呈现出极为典型和鲜明的"微弱"特征。① 农业生产具有弱质性、固定资产缺乏或大多固定资产难以用于抵押，导致农民常常遭受正规金融的排斥。同时，多数农村家庭欠缺日常收支管理、债务管理、风险管理和未来规划，一旦面临突发意外或重大事件，不得不依赖自我积累或者向亲戚、朋友筹措应急资金。

2005 年联合国首次提出"普惠金融"一词，并将其定义为"能有效、全面地为社会各阶层群体提供金融服务"，强调金融服务的平等性、金融可得性，以及为遭受正规金融排斥的个人或组织提供享受金融服务的权利。在国务院印发的《推进普惠金融发展规划（2016—2020 年）》中，普惠金融被正式纳入国家顶层设计，并被界定为"立足机会平等要求和商业可持续原则，以可负担的成本为有金融服务需求的社会各阶层和群体提供适当、有效的金融服务"，② 并明确将农村人群作为其重点关注的对象。

数字普惠金融，泛指以各类数字技术为支撑对传统金融业务升级，或者创新金融产品服务形式，进而形成的新型普惠金融发展业态，被广泛认

---

①《中国普惠金融发展报告（2020）》认为微弱经济体是指规模较小、处于市场弱势地位、容易受到排斥的经济主体。

② 国务院关于印发《推进普惠金融发展规划（2016—2020 年）》的通知，中国政府网. http://www.gov.cn/zhengce/content/2016-01/15/content_10602.htm.

为是降低收入不平等、提升金融包容性和社会福祉的重要国家战略。[①] 随着数字技术的广泛应用，金融机构的服务成本得以大幅降低，风险控制能力和服务效率大幅提高，从而为无法获得金融服务的群体以可负担的方式提供教育储蓄、支付、获取小额商业贷款、汇款以及购买保险等金融服务。[②] 与此同时，农村居民享受金融产品和服务的成本也因智能手机的普及而大大降低。然而，由于城乡在社会、经济、文化等方面的差异较大，农村居民普遍存在金融知识和技能不足、基本金融常识和实践机会缺乏、对金融机构和金融服务不了解或者不信任等问题，很大程度上阻碍了该群体获得和使用金融服务。当面对新型金融产品或服务时，部分农民要么担心上当受骗而唯恐避之不及，要么因为不会识别风险而非理性过度参与，甚至遭受金融诈骗、数据隐私泄露等重大福利损失。

简言之，金融能力的构建可以帮助农民群体有效利用金融资源、规避风险、合理配置金融资产。因此，推进农村居民的金融能力建设，有助于拓宽其收入来源，合理平滑其消费，有助于使金融产品和金融服务真正惠及农村家庭，从而增进其福利水平。

1.3　金融能力与家庭福利：文献梳理与评价

1.3.1　金融素养、金融行为与家庭福利

作为一种特殊的人力资本，金融素养影响着一系列家庭金融决策，包括养老计划制订、金融市场参与、家庭资产配置、借贷决策等，进而影响其收入和财富水平乃至金融福祉的实现。

从融资角度看，金融素养能够提高家庭的借贷概率和借贷规模，影响家庭融资渠道选择和融资成本，并且降低影响家庭信贷违约率。融资行为能够激发农民创业意愿，影响其创业层次和水平，有助于农民增收和脱贫减困。从家庭资产配置角度看，金融素养影响家庭投资和资产组合的选择，尤其是增加其风险资产的配置。投资行为有助于农民增加财产性收入，实现创富效应。从养老规划和保险保障角度看，金融素养会影响投资者的风险感知与风险容忍，高金融素养个体能够认识到保险保障在抵御风险方面

---

① 星焱. 农村数字普惠金融的"红利"与"鸿沟"[J]. 经济学家, 2021 (2)：102-111.
② 中国人民银行发布的《G20 数字普惠金融高级原则》, 2016 年 9 月。

的重要作用，也更有能力选择合适的保险产品。因此金融素养越高的个体越有可能制定养老规划，也就越有可能参与保险保障。参保行为又可以增加农民财富，促进消费，有利于农村家庭福利的改善。

金融能力有助于个体采取恰当的金融行为，进而提高家庭的财务满意度和金融幸福感，也有助于其积累财富进而正向影响家庭福祉。弱势群体的金融能力则有助于其金融决策水平的改善，进而帮助其摆脱贫困的恶性循环。

1.3.2　普惠金融、金融包容与家庭福利

弱势群体常因缺乏金融资源而导致家庭的基础资产管理和财务规划不足，生活质量较低，因此普惠金融非常关注基础金融产品和服务对弱势群体的覆盖。作为普惠金融的重要内容，微型金融（如小额信贷等）具有普惠效应，对借款者的收入、消费、生产、就业、财富积累等方面具有积极影响，从而有助于减缓贫困，改善穷人的生活处境和家庭福利，并进一步摆脱贫困的恶性循环。微型金融的滴落效应、赋权效应、赋能效应、社会网络效应、治理效应、文化伦理效应与产业链效应为解决深度贫困问题提供了顶层设计思路。[1] 微型金融致力于为穷人提供金融服务，激励边缘人群凭借自身努力建立或恢复其信用以融入主流金融，是一种帮助穷人摆脱贫困陷阱的革命性的金融理念和制度。[2]数字普惠金融则运用数字技术对传统金融业务进行了改造和升级，或者创新了金融产品和服务的形式。数字普惠金融具有降低服务成本、扩大服务边界、提升服务质效等优势，是降低收入不平等、提升金融包容性和社会福祉的重要国家战略。

金融包容的研究始于金融排斥。20 世纪 90 年代信息技术迅猛发展，金融管制在经济全球化和金融自由化的背景下逐步放松，发达国家金融产品和服务创新不断。在控制风险和降低成本的经营导向下，商业银行逐步收缩其位于边远地区的分支机构，从而导致经济落后地区金融供给不足，弱势群体金融产品及服务需求受到抑制，即"金融排斥"。金融包容不仅关注个体、群体、企业或组织触及并使用主流金融的过程，还强调促进机会平

---

① 王曙光. 微型金融发展与深度贫困地区减贫机制创新 [J]. 人民论坛·学术前沿，2018（14）：20-25+51.

② 曹远征，陈军. 微型金融：从"排斥"到"包容" [M]. 北京：人民出版社，2019.

等和消除非市场障碍,强调需求者的金融能力提升。[①] 对金融包容内涵的理解及其影响家庭福利的机制研究经历了一个不断完善的过程。研究认为,金融包容关注如何保证弱势群体获得合适的金融服务以促进经济增长。对个人和家庭而言,金融包容是其进行资产管理,对未来财务规划充满信心的重要条件。Regan 和 Paxton(2003)从广度和深度两个方面进一步拓展了金融包容的界定,认为广度体现了金融产品和服务(银行账户、储蓄、信贷和保险等)的可接触性和可负担性;深度体现了金融消费者使用金融产品和服务的机会、素养和能力。Chakrabarty 等(2010)认为金融包容可以促进储蓄和节俭习惯的养成,也有助于家庭融资需求的满足及便利支付。王修华等(2014)将国外学者关于金融包容的经济福利效应归纳为宏观效应和微观效应,其中宏观效应是指金融包容促进减贫、推动经济增长和提高金融稳定性;微观效应则认为金融包容可以改善居民的消费和支出、促进投资和提升其健康水平。[②] 田霖(2020)认为金融包容通过作用于居民消费、家庭负债与主观幸福感,从而有效改进家庭福利水平。

1.3.3 互联网使用与家庭福利

数字技术以前所未有的力量重塑了人类经济社会的结构。互联网在改变了人们信息获取、社会交往、休闲娱乐以及在线消费等生活方式的同时,也改变了人们对生活质量的评价和预期。关于互联网使用影响幸福感、获得感的文献已经非常丰富,但尚未形成统一结论。手机、电视和电脑等新兴信息技术的使用,能够使居民获得经济收入和物质利益并积累社会资本,获得快乐和积极的情绪体验(周广肃等,2017)。Becchetti 等(2008)和 Steinfield(2008)认为互联网社交媒体有同样的效应。互联网使用主要通过改善家庭收入和家庭主观地位对获得感产生积极影响(袁浩等,2019)。但互联网使用也会因减少人们在真实世界中面对面交流的时间而显著降低居民幸福感(Frey 等,2007)。国内针对农村地区弱势人群的研究发现,低收入、低受教育水平群体能获得互联网信息福利效应,减少与"优势群体"在主观福利上的差距(鲁元平等,2020)。

数字化在不同国家和地区的普及差距,以及不同群体之间的数字能力

---

① 田霖. 互联网视域下金融包容体系的构建与完善研究 [M]. 北京:经济科学出版社,2020:145.

② 王修华,何梦,关键. 金融包容理论与实践研究进展 [J]. 经济学动态,2014(11):115–129.

差异使"数字红利"和"数字鸿沟"并存。数字技术接入的"渗透效应"释放了农村居民收入的潜力（蔡跃洲等，2015）；数字技术使用形成的"乘数效应"与"累积效应"（邱泽奇等，2016）；数字技术在农业领域及农村地区的扩散和渗透中产生了数字红利（汪旭晖等，2020）。但 DiMaggio（2004）认为，数字技术接入机会差异和互联网使用差异引致了"数字鸿沟"，造成了数字不平等。"数字鸿沟"在欠发达地区和弱势群体中表现突出，加剧并扩大了原有的城乡差距以及农村内部收入差距（邱泽奇等，2016），从而制约了数字时代的包容性发展。"数字鸿沟"的深化正在成为一种复杂的多维现象，它既是社会不平等的后果，也会进一步扩大社会群体之间的差距（赵联飞，2015）。

1.3.4　文献述评

通过文献梳理，本书认为：

第一，国内研究承袭了国外有关金融素养的研究范式，注重探讨金融素养与个体金融行为决策的关系，忽视了金融能力对改善民生的重要意义，农民金融能力研究的理论体系和应用范围有待拓展。

第二，数字技术深刻影响了农村经济和生活的方方面面，然而对农民金融能力的研究视角并未做到与时俱进，尚未从对金融供给者的关注转向兼顾金融供给者和金融需求者的视角；尚未做到既重视金融供给者提供产品和服务的公平性，又强调金融需求者有效使用产品和服务的能力与机会，这意味着农民这一特定群体的金融能力可能需要重新考量。

第三，获得感的理论分析和实证研究不足。由于缺乏科学合理的评价体系，定量分析农村家庭的获得感水平仍存在较大困难。

第四，现有研究忽略了金融能力增进农村家庭经济获得感的内在逻辑，对金融能力影响经济获得感的机制分析明显不足。

1.4　研究的内容与创新

2018 年中央一号文件明确指出"坚持农民主体地位。充分尊重农民意愿，切实发挥农民在乡村振兴中的主体作用，调动亿万农民的积极性、主动性、创造性，把维护农民群众根本利益、促进农民共同富裕作为出发点和落脚点，促进农民持续增收，不断提升农民的获得感、幸福感、安全感"。① 农民金融能力关乎其家庭日常收支管理、债务管理、投资理财以及家庭未来的各种财务决策，深深地影响着家庭的收入、消费、财富和保险保障水平，进而影响了家庭的获得感和幸福感。西部农村地区长期是扶贫攻坚和普惠金融的重点瞄准区域，因此本书聚焦西部地区农村家庭，试图探寻通过提升金融能力来增进家庭经济获得感的有效路径。

1.4.1 研究内容

本书共分十章。

第 1 章提出了获得感的概念，并在乡村振兴和共同富裕的时代背景下分析了获得感的研究价值；分析了为何基于金融能力视角展开研究；梳理了金融能力与家庭福利关系的国内外文献；概述了研究的框架结构，总结提炼出创新点。

第 2 章阐明了获得感的理论内涵和本质属性。首先，从微观视角对比分析了主观幸福感和获得感的内涵及测度。其次，探究获得感的理论内核与马斯洛需求理论、社会质量理论和人的全面发展理论之间的一致性特征，系统归纳出获得感的本质属性，即获得感是一个兼具客观性和主观性、兼顾过程和结果的指标，其主体是人民，实现途径是奋斗，更适用于弱势群体的福利问题研究，强调对弱势群体的赋权强能。

第 3 章是金融能力的相关概念辨析。本章系统梳理了国内外重要文献，对金融素养、金融能力和金融健康的概念界定和测度进行了归纳，分析了金融能力与金融素养、金融能力与金融健康的联系和区别，认为金融能力是比金融素养更加全面、严谨、科学的概念。

第 4 章重构了测度农民金融能力的指标体系。首先，对能力、可行能力及金融能力逐层推进，并对农民金融能力的内涵进行了界定。其次，归纳出测度农民金融能力应遵循的原则，即多维度测度、客观测度和前瞻性设计。最后，从金融知识、财务管理、金融态度和金融机会四个维度 17 个指标重新构建出农民金融能力指标体系。

第 5 章概述了西部地区农村家庭经济金融情况。首先，从农村基础设施、经济发展水平和普惠金融发展水平三方面概述了我国西部农村地区经

---

① 2018 年中央一号文件　中华人民共和国农业农村部 . http：//www.moa.gov.cn/ztzl/yh-wj2018/zyyhwj/.

济金融的整体情况。其次，利用课题组在四川、云南、贵州、甘肃和重庆西部五省（市）实地调研的样本家庭数据，对西部地区农村家庭的经济金融行为进行分析，具体包括：第一，从金融知识维度、财务管理维度、金融态度维度和金融机会维度对问卷回答情况进行分析，并运用因子分析法计算出受访者金融能力得分；第二，对样本家庭总资产、负债、净资产、金融资产、消费和保险保障的水平及其分布进行了统计分析。

第 6 章理论和实证分析了西部地区农民金融能力对家庭经济获得感的影响。首先，依托阿玛蒂亚·森和玛莎·纳斯鲍姆的能力理论，建立了金融能力和获得感的理论联结。其次，构建了更适合测度西部地区农村家庭经济获得感的指标体系（横向经济获得感、纵向经济获得感、经济发展获得感和收入公平获得感），体现了共享在获得感实现过程的重要性。最后，理论分析并实证检验了农民金融能力对家庭经济获得感的影响。

第 7 章探究了保险保障在金融能力影响家庭经济获得感路径中的作用。保险保障已成为金融支持农村发展的重要手段。首先，尝试从金融能力视角为我国农村居民在保险中的"有限参与"现象提供理论解析。其次，运用调研数据进行实证分析，研究发现，金融能力可以显著提升农民的保险保障参与可能性，并通过保险保障渠道提升家庭经济获得感。

第 8 章探究了家庭财富在金融能力影响家庭经济获得感路径中的作用。本章探索性地构建了"金融能力—家庭财富—经济获得感"的理论框架，利用调研数据实证分析了金融能力对家庭经济获得感的影响以及家庭财富在金融能力影响经济获得感关系中的中介作用。

第 9 章探究了家庭消费在金融能力影响家庭经济获得感路径中的作用。本章基于金融能力、家庭消费和经济获得感的理论分析框架，实证检验了金融能力对经济获得感的影响；通过机制分析以及中介效应分析，检验了家庭消费在金融能力影响经济获得感路径中的作用。

第 10 章是结论与政策建议。课题组探寻出提升农民金融能力以增进其家庭经济获得感水平的可行思路，即金融教育助力提升农民金融能力，数字普惠赋能农村金融发展，以及金融监管筑牢农村金融安全防线三大政策保障体系。

1.4.2　研究的主要创新

第一，追踪最新发展动态，凝练金融能力的核心内涵。通过系统梳理国内外学者关于金融素养、金融能力及金融健康的学术文献，对金融素养、金融能力和金融健康的内涵及测度体系进行对比分析，认为金融能力是比金融素养更全面、严谨、科学的概念。金融能力是一个动态演进的过程，更适用于弱势群体的研究。金融素养和金融能力是实现金融健康的手段，金融素养和金融能力的提升有助于改善家庭金融健康状况，三者都以增进个体或家庭的金融福祉为目标。

第二，突破学术界忽略农民自我发展能力的研究思路，重构农民金融能力的四维度指标体系，拓宽了金融能力的内涵和外延。在数字化进程不断推进的背景下，农村家庭的生产生活场景与数字化金融场景将有更多交叠。本书以阿玛蒂亚·森的可行能力理论为基础，参考 Sherraden（2013）金融能力概念模型，借鉴国内外学者的丰富研究成果，结合我国农民经济生活特点，遵循多维度测度、客观测度和前瞻性设计原则，构建出包含金融知识、财务管理、金融态度和金融机会四个维度共 17 个指标的农民金融能力指标体系，实现了对农民金融能力的精准刻画，为后续研究提供了借鉴与参考。

第三，重新解读获得感的核心内涵。本书认为获得感与马斯洛需求理论、社会质量理论和人的全面发展理论一脉相承，是新时代具有中国特色的理论创新，获得感是一个兼具客观性和主观性、兼顾过程和结果的指标，其主体是人民，实现途径是奋斗。获得感强调对弱势群体的赋权强能，更适用于弱势群体的福利研究。提升农民获得感与反贫困、乡村振兴、共同富裕等理念和战略具有内在一致性：反贫困政策是实现农民获得感提升的第一步，乡村振兴战略是进一步实现农民获得感提升的手段，共同富裕与实现农民获得感提升则同为乡村振兴战略的目标。

第四，设计了能够体现弱势群体分享改革发展成果的经济获得感指标体系，其中蕴含了奋斗、共建、公平、共享等要素，对测度农村家庭经济获得感具有理论意义和实践价值。经济获得感是指家庭基于经济获得及其经济状况的总体感受和整体评价，是基于其客观经济获得而产生的满足感。本书用横向经济获得感、纵向经济获得感、经济发展获得感和收入公平获得感构建出农村家庭经济获得感指标体系。该指标体系具有三个特点：首先，既关注农民的客观物质获得，也兼顾其在客观物质获得基础上的主观感受，体现了农民的主体性；其次，并非客观物质获得和主观感受的简单集合，而是蕴含了奋斗、共建、公平等元素；最后，充分体现了共享的要义，即全体人民尤其是弱势群体都能分享到改革发展成果。

第五，将西部地区农民的金融能力及其家庭经济获得感纳入同一研究框架，丰富和完善了家庭福利的研究。依托阿玛蒂亚·森和玛莎·纳斯鲍姆的"能力理论"，建立弱势群体金融能力及其获得感之间的理论联结，为进一步定量研究家庭经济获得感奠定理论基础；构建出农村家庭经济获得感指标体系，并对西部农村地区的样本家庭进行实证测度和校验。研究发现，金融能力的提高有助于提升农村家庭的经济获得感。其中，财务管理能力的提高和金融态度的改善能够显著提升农村家庭经济获得感；金融知识和金融机会的影响不显著，体现了"管钱"能力、信心和态度的重要性，也说明西部农村地区可能面临金融机会不足的问题。

第六，架构了"金融能力—家庭经济行为—经济获得感"的理论逻辑并进行实证检验。研究认为，金融能力的提高通过显著正向影响农村家庭的保险保障参与率、显著提升农村家庭的总资产和净资产水平、显著提升家庭的消费水平，从而提升了农村家庭的经济获得感。通过对家庭保险保障、家庭财富和家庭消费等路径进行探究，找到金融能力对家庭经济获得感的影响机制，有助于拓展西部农村家庭福利改善的研究方向。

第七，布局农民金融能力建设的长效机制以提升农村家庭获得感，需要从以下三个方面着手：首先，通过金融教育提升农民金融能力，构建系统化金融教育工程，采取朴素的、灵活的、多渠道、多层次的金融教育方式，在普及金融基础知识的同时应更加关注农民财务管理能力的提升和金融态度的改善，同时应特别重视对农村社区、行政村特别是弱势群体的全覆盖。其次，继续推动普惠金融下沉农村地区，完善农村地区数字基础设施建设，完善和推广普惠金融综合服务站发展思路和发展模式，引导普惠金融与农村电商融合发展，不断提升农村金融供给的"适农化"程度。最后，创新监管理念，打造协同监管模式，采用新型监管科技以提升监管效能，加强农村金融消费者权益保护，从而筑牢农村金融安全防线。

第 2 章

获得感：理论意蕴、本质属性与时代价值

2.1 个人（家庭）福利：微观视角

2.1.1 主观幸福感

追溯历史，心理学家和社会学家对幸福感的关注由来已久，而直到 Easterlin（1974）提出著名的"幸福悖论"后，经济学家们才开始大量开展对幸福感的研究。现代心理学关于幸福感的研究有两大方向：心理幸福感和主观幸福感。心理幸福感是指人们充分发挥潜能而得到的体验，强调个体潜能的实现；主观幸福感涉及个体的情感体验和对生活的主观认知。研究心理幸福感的代表学者有美国心理学家 Alan S. Waterman、Carol D. Ryff、Richard M. Ryan 和 Edward L. Deci。其中，Ryff（1989）基于人类发展观编制的心理幸福感量表得到了广泛使用，该表包括以下六方面内容：自我接纳、友好关系、独立自主、环境掌控、生活目标和个人成长。虽然主观幸福感和心理幸福感在理论基础、界定和测量等方面有所区别，但二者在近些年有进一步融合的趋势。①

（1）主观幸福感的内涵与测度

在社会学和经济学领域，使用较多的幸福感指标是"主观幸福感"。主观幸福感的定义很多，但尚未统一。其中，著名心理学家 Diener 等（1999）将主观幸福感定义为一个广泛的概念，包括人们的情感体验、领域满意度，以及对生活的整体评价。简言之，主观幸福感包含生活满意度、积极情感和消极情感三个维度。

---

① 张陆，佐斌. 自我实现的幸福——心理幸福感研究述评 [J]. 心理科学进展，2007（1）：134-139.

主观幸福感带有强烈的主观色彩，其最主要的测量方式是询问受访者的主观感受。其中人们最熟悉的方法是回溯式自我报告法①，即收集人们对生活质量的主观评价。回溯式自我报告法虽然在主观幸福感测度中最为常用，但它仍然具有一定的局限性。首先，测量结果容易产生误差。因为问题较为主观，受访者需要对过去一段时间进行总体回溯性评价，导致受访者的回答不仅受到当时所处情境以及问卷中上一个问题的影响，还受到自身记忆和问题询问方式的影响，使得测量得分易存在误差。其次，测量结果与真实体验可能不符。大多数人平常很少认真思考这一问题，当被询问时，由于受访者思考和回答的时间有限，答案往往并不反映其真实体验。最后，测量方式存在自评异质性问题。由于不同家庭、不同个体对幸福的理解不同，其对幸福感的判断标准和期望水平也会有显著差异，即使某些个体选择了同样的答案，但答案背后代表的幸福感程度可能是不一样的。为尽量避免自评异质性问题，王广州等（2013）采用等比例标准化方法②测量主观幸福感，其实质依然是让受访者对生活作出总体性评价。

不同于重视评价的回溯式自我报告法，部分学者更关注人们日常生活中的体验。与评价相比，体验能更准确地反映人们在时间推移过程中的真情实感。重视生活体验的幸福感测量方法包括体验抽样法、生态瞬时评估法和日重现法。这三种方法均可减少回溯性判断带来的记忆偏差。体验抽样法和生态瞬时评估法③都是让受访者在日常情境中报告自己的体验和感受，但生态瞬时评估法更为先进，因为它是将受访者的报告与其生理状态联系起来进行判断。由于这两种方法要求受访者在日常生活的任何时候都可能需要回应研究者的问题，在一定程度上侵犯了受访者的隐私，因此会

---

① 一般使用单个问题的多分类的李克特量表进行测量。如中国家庭金融调查（CHFS）将幸福感评分分为非常幸福、幸福、一般和不幸福四类；中国家庭追踪调查（CFPS）通过询问"若0分代表最低，10分代表最高，您/你觉得自己有多幸福？"来测量个体的主观幸福感。另一种方法是采用复杂量表来测量主观幸福感。如邢占军等（2014）研制的中国城市居民主观幸福感量表，包含十个维度的20个题项，其中包括了中国文化背景下幸福感的三个维度，受访者对这些题项进行六级评分，最终将各个问题的得分汇总得到主观幸福感的评分。

② 首先，受访者需要回答以下两个问题：（1）请给您目前的家庭幸福感评分（0~10分）；（2）在对幸福评分中您认为几分以上是幸福的（0~10分）？等比例标准化方法假定调整后的得分与评分基准（6分）之比等于原始分数与幸福及格线之比，根据这个假定计算得到受访者经过调整后的得分，再用该得分进行定量分析。

③ 生态瞬时评估法是在日常生活情境中对人们的日常性经验、体验进行取样。该方法要求受访者随身携带一个电子呼叫装置，研究者随机选取一些时刻通过电子呼叫装置询问受访者所处情境和瞬时的体验。该方法的突出之处是将自我报告与个体在自然状态下的瞬时生理状态联系起来，以便在自然情境下获得关于人们日常经验的详细信息。

给受访者带来较大负担，调查成本也较高。同时，体验抽样法和生态瞬时评估法无法记录不寻常事件或时长较短事件的信息。为克服此缺陷，卡尼曼等（2004）提出了日重现法①，该方法结合了时间预算和体验抽样的特点，让受访者通过预先设定好的程序重现自己前一天的经历，以减少回忆偏差。在卡尼曼的日重现法基础上，保罗·多兰（2016）引入了意义感这一指标，认为幸福感不只包含乐趣，还应包含意义感，因此在使用日重现法时，保罗·多兰会让受访者从快乐和意义感两个维度对所回忆事件做出评价。

以上几种方法各有优缺点，总体而言都是让受访者进行自我报告。近年来，随着数字技术的使用和发展，出现了更多主观幸福感的测量方法，如面部测量、传记文本分析、生理测量、神经成像等方法，部分研究其至利用大数据和社交媒体语言来评估个体的主观幸福感，但目前这些方法还未得到广泛使用。在经济学领域，回溯式自我报告法仍然是使用最多的主观幸福感测量方法。

（2）生活满意度

作为主观幸福感的重要组成部分，生活满意度是指人们对自己的物质生活、精神生活、身心健康以及生存环境等方面的主观感受所做的总体评价，可以分为总体生活满意度和领域生活满意度。总体生活满意度一般是通过让受访者给自己的整体生活状况打分进行测量。Diener 等（1985）在30年前创立的生活满意度量表②得到了较为广泛的运用。领域生活满意度的测量更加具体，涉及工作（学习）状况、物质状况、身心状况、社会关系等多方面内容。

生活满意度与幸福感的不同之处在于：幸福感表示人们的正向情感体验，而生活满意度表示人们对生活的总体认知；生活满意度表示个体实际情况与预期情况的接近程度，相对性更强，而幸福感更多是指一种绝对的情感状态。二者的相同之处在于都是让个人对自己的整体生活作出全面

---

① 首先，受访者要回答一个关于整体满意度的问题；其次，要求受访者写下前一天的小日记，即将前一天发生的事情按顺序记录为一个个情节，需要包含每个情节的起止时间；最后，受访者要针对每个情节回答如下问题：什么时候发生的？受访者当时在做什么？受访者当时在哪里？当时正在和谁交流？他们的感受如何（此处有12种情感状态可供选择，并且每种情感状态的评分为0~6分）？

② 该量表涉及五个项目，每个项目的评分为1~7分：（1）在很多方面，我的生活都接近我的理想；（2）我的生活条件很好；（3）我对自己的生活很满意；（4）到目前为止，我已经得到了我生活中想要的重要的东西；（5）如果我能重新选择我的生活，我几乎不会改变什么。

评价。

由于个人在评价生活的整体时往往同时掺杂了认知和情感，很难完全区分出来，且在许多研究中，生活满意度与幸福感的相关性极高，因此幸福感和生活满意度也常常会混用。Radcliff（2001）认为，心理幸福感、主观幸福感和生活满意度都指向同一个内涵，即人们对生活的享受程度。因此，本书不对三者的细微差别进行区分（见图2-1）。

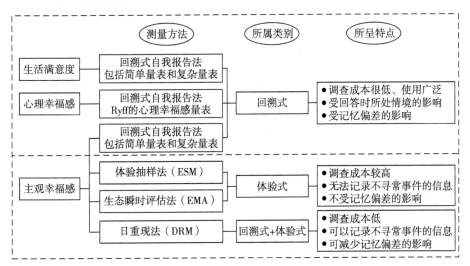

图2-1　生活满意度、心理幸福感与主观幸福感的测量与特点

（3）主观幸福感的影响因素

关于主观幸福感影响因素的研究已较为成熟。30%～40%的主观幸福感可归因于遗传效应。在对遗传效应的解释中，人们较为认同人格特质的影响，即外倾性人格正向影响主观幸福感，神经质人格则对其产生负向影响，这一研究结论在我国情境下也适用。研究结论从侧面说明了60%～70%的主观幸福感可归因于除遗传外的其他因素。除个人特质外，一般认为，比较效应也会对幸福感产生较大影响。在选择比较对象时，人们喜欢向上比较、相近比较；在面对收入时，人们注重相对收入而非绝对收入。这些对比均会对幸福感产生重要影响。如果在比较中处于弱势，人们就会产生挫折感，进而其幸福感会降低。

需求的满足始终可以带来幸福感。对需求和主观幸福感进行细分后，Tay和Diener（2011）发现生活满意度与食物、安全等基本需求的相关性更大，积极情感与社会交往、尊重等心理需求最为相关，对消极情感产生较大影响的则既有基本需求，又有心理需求。收入可以满足人们的基本需求（如食物、住房等）和心理需求（如社会交往、自主等），因此它与幸福的关系是经济学中研究十分广泛的主题。但收入并不总是正向影响幸福感。收入与生活满意度的关系比它与积极/消极情感的关系更密切。通过对170万人的样本进行研究，Andrew 等（2018）发现，生活满意度的"收入饱和点"在9.5万美元左右，而情感体验的"收入饱和点"更低，在6万至7.5万美元之间。超过收入饱和点之后，收入不再对主观幸福感产生太大的正向影响。这表明收入只能在一定程度上影响主观幸福感。在国民收入达到特定水平之后，如果继续以牺牲其他福利要素为代价发展经济，反而可能会导致人们幸福感下降。

经济学多从收入、住房等经济因素的角度研究主观幸福感，社会学则更偏重于社会网络的研究视角，突出了家庭关系、社会支持、社会参与、价值观的作用。其中，社会网络可以正向影响农民的主观幸福感，社会参与对青年的主观幸福感会产生积极影响。同时，价值观也会对主观幸福感产生较大影响（见图2-2）。张学志等（2011）发现重视金钱的人群主观幸福感更低，而重视生活情趣的人群主观幸福感会更高。[①]

总而言之，主观幸福感的相关研究揭示了经济发展、社会进步等方面的重要性，从而影响到追求幸福感的国家和地区的相关政策。

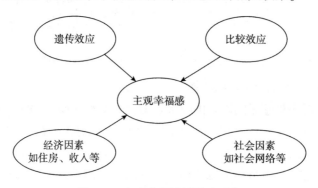

图2-2　主观幸福感的影响因素

2.1.2　获得感

（1）获得感的内涵

关于获得感的内涵，目前学术界并没有统一的定义。大多数学者都认为获得感是基于客观获得产生的主观感受，其中"客观获得"不仅包括物

---

① 张学志，才国伟. 收入、价值观与居民幸福感——来自广东成人调查数据的经验证据 [J]. 管理世界，2011（9）：63-73.

质获得，还涉及精神获得。具体而言，学者们根据自己的理解和研究对象的不同，对"获得感"的界定有略微差别。张仲芳等（2020）和郑建君（2020）认为获得感是境遇改善带来的积极心理体验。部分学者在界定"获得感"的内涵时强调客观获得是通过人们的努力得来的，即参与带来获得；或是强调从给予福利转向给予权利；或是关注能力的提升。可见，参与、权利和能力都属于"获得感"内涵的关键词。

另一部分学者定义获得感时较为关注人们的需求满足程度，如文宏（2020）将获得感定义为物质与精神层面需求的实现程度及由此转化而成的多维度感知；徐延辉等（2021）将城市居民的获得感定义为个体基于社会比较而产生的对自身需求满足程度的一种主观判断；张青卫（2021）认为，在不同的社会背景下，人们的需求不同，其获得感的提升方式也就有所不同。可见，美好生活需求的满足是获得感提升的重要体现。

还有部分学者关注以机会公平为导向的比较情境。王浦劬等（2018）从相对剥夺感①的内涵出发，认为获得感既涉及改革进程中个体利益实现程度的前后对比，又涉及个体和他人的利益实现程度对比，并给出横向获得感和纵向获得感的测度方式。此外，徐延辉等（2021）和王艳丽等（2021）也强调获得感是在比较情境中产生的。

不同于以上"基于客观获得的主观感受"这一结构较为简单的内涵，谭旭运等（2020）通过民众调查，认为获得感不仅涉及客观获得和主观感受，还应包含获得的环境、获得的途径、获得与分享。这一定义更为丰富，既囊括需求的满足和个体能动性的发挥等元素，还包含共享这一理念。

除了根据获得感所含思想对其做出分类，还可以根据不同领域、不同研究对象对获得感做出细分，如吴怡萍等（2021）定义并构建了能准确体现农民特点的获得感指标；钱力等（2020）关注政策实施过程中的贫困人口获得感；苏岚岚等（2016）则定义了农民创业获得感并构建出相应的测度框架。

（2）获得感的测度方式

与获得感的内涵相对应，现有文献关于获得感的测度主要基于两种思

---

① 当个体与自身过去和将来的状态比较，或与其他个体比较，或将个体所在群体与其他群体比较时，如果个体因为觉得自己当前或自己所在群体的状况更糟糕而产生了生气、怨恨的情感反应，这种情感反应就是相对剥夺感。Crosby（1976）认为相对剥夺感是相对的，而不是绝对的，因此个体仅仅缺乏 X 的话并不会产生相对剥夺感，缺乏 X 的人还需要满足以下几个条件才会产生相对剥夺感：看到其他人拥有 X；想要 X；认为可以得到 X；认为获得 X 是可行的；对未拥有 X 的个体倾向是责他性的。

路。一种是根据获得内容构建测量维度，如杨金龙等（2019）从横向、纵向和预期三个角度构建经济获得感指标；文宏（2020）构建的政治获得感涉及国家认同、正风反腐和政治参与；廖福崇（2020）从就业、教育、医疗、住房和养老五个角度测度民生获得感；阳义南（2018）根据人们对公共服务充足性、均等性、便利性、普惠性四方面的评价衡量公共服务获得感。不同于前述专注于某类获得感的研究，一些学者拓展了评估维度，对获得感进行多维度测量。例如，文宏等（2018）认为经济获得感、政治获得感和民生获得感共同构成人民获得感；除民生改善外，郑建君（2020）还关注社会发展和自我实现带来的获得感；张仲芳等（2020）加入了发展机会这一重要维度；吕小康等（2018）额外关注了人民的社会安全感和社会公正感；邵雅利（2019）根据"五位一体"总体布局，从政治、经济、文化、社会和生态五个方面分别度量人民的感受，得出较为全面的获得感指标。总体而言，大部分学者认为获得感应包含经济获得感、政治获得感、民生获得感、公共服务获得感等维度。谭旭运等（2020）则另辟蹊径，从获得内容、获得环境、获得途径、获得体验以及获得分享的角度对获得感进行了全方位测度。

另一种则根据不同的研究目的，通过对主体和领域进行划分从而测度获得感。考虑到农民属于低收入人群，收入对农民的获得感提升十分重要，因此吴怡萍等（2021）在测度农民获得感时特别强调收入这一要素。由于被征地农民和农民工又是农民中的特殊群体，针对该群体设计的获得感指标应与其所呈现的特点相契合，因此测度被征地农民获得感时，江维国等（2021）除了关注其物质和精神的获得，还关注他们在被征地过程中权利的获得。农民工长居城市的同时往往还保持与农村经济的联系，因此其交往人群的类型多、参照群体范围广，因此龚紫钰等（2020）在衡量该群体获得感时加入了社会关系和价值尊严等维度。此外，对低保家庭而言，低保是重要的收入来源，于是张栋（2020）在测度这部分群体的获得感时把他们对低保的主观感受考虑进来。按领域划分，陈丹引（2021）认为在当前数字化的时代背景下，数字获得感是获得感的重要维度。[①] 考虑到农民工的

---

① 陈丹引（2021）用"互联网能否让更多人获取更多信息和社会资源"这一问题来衡量互联网社会资源获得感，用"互联网能否促进社会公平、打破社会阶层固化状况"衡量社会公平促进感，并用"互联网能否使人们可以有更多的政治权利，能否使人们可以更多讨论政府事务、更好地理解政治，能否使政府工作人员更好地关心大众的想法"衡量政治赋权感，最终综合三个指标形成数字获得感。

工作特殊性，杨金龙等（2019）将工作的安全性、环境、时间纳入考量。综合而言，在细分不同主体和不同领域进行研究时，大部分学者都会根据群体和领域的特点对获得感进行差异化测度。具体见图 2-3。

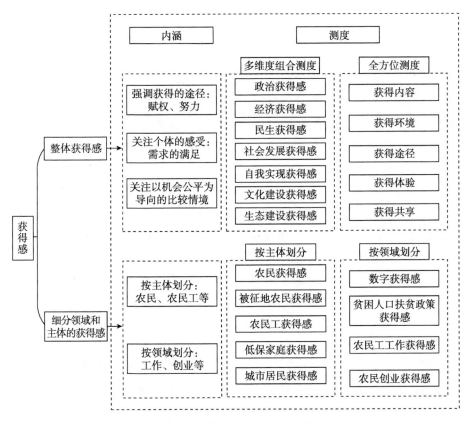

图 2-3 获得感的内涵和测度

2.2 获得感的理论意蕴

虽然幸福感和获得感都是福利指标，但二者的理论基础有很大差别。幸福感的相关理论往往假设每个人都是同质的存在。例如，经济学中的边际主义用效用来表示幸福，同时其前提假设就是所有人都是同质的理性人。又如，大部分调查都是通过"您觉得自己有多幸福？"这一问题来测量个体的主观幸福感，并未考虑每个人对幸福的理解有所差异。相比之下，获得感更尊重人与人之间的差异性。最能体现这一点的就是，国内学者在研究获得感时，会根据不同主体的特点界定并测度获得感。据此，本书试图剖析获得感的理论意蕴。

2.2.1 马斯洛需求理论

马斯洛在其代表性著作《人类动机的理论》和《激励与个人》中提出"需求理论"，即把人类的需求按照从低到高的顺序分为五个层次：生理需求—安全需求—社交需求—尊重需求—自我实现需求。[①] 低层次需求在得到满足前，会持续对个体产生激励；低层次需求在得到满足后，对个体行为就不再有决定性作用，此时更高层次的需求会被充分意识到，并对个体产生激励。但低层次需求得到满足的状态并非一成不变的，如果低层次需求在稍后某个时间点再次受到威胁，它将重新占据主导地位，并在个人的行为动机中占据重要位置。此外，由于需求的产生是一个渐进的过程，个体可以在一个时间点受到不止一种需求的激励。马斯洛将高层次需求描述为成长需求，并认为人们感到满意时，就能充分发挥自己的潜力。相反，人们的需求未得到满足时，就可能会经历异化、犬儒主义或冷漠（Maslow，1962）。

如图 2-4 所示，第一层生理需求包括衣、食、住、行等。大部分社会成员通过劳动即可实现生理需求的满足，部分弱势群体的生理需求则可以通过相应的社会保障措施（如低保补助）得以满足。第二层安全需求包括人身安全、财产安全、就业保障、财务安全、医疗保障以及养老保障等。这层需求的满足既依赖于个体自身的奋斗，也依赖于政府法律法规、社会保险与社会福利制度的建立和完善。第三层社交需求包括友谊、亲情等，主要依靠家庭、社区及团体组织给予满足。第四层尊重需求包括自我尊重、尊重他人和被他人尊重。这层需求的满足主要表现在被他人和社会公平对待。第五层自我实现需求是指个体能够在良好的外界环境下运用自身的能力追求目标和理想，以实现人生价值。显而易见，需求的满足正是获得感的基础——"实际获得"，需求得到满足的过程也就是提升获得感的过程，而获得感的提升会激发人民产生更高层次的需求（谭旭运，2021）。需求层次的不断上升又使得获得感内涵更加丰富，人民获得感得到满足的具体条

---

① 青连斌.＂互联网＋＂养老服务：主要模式、核心优势与发展思路 [J]．社会保障评论，2021，5（1）：115-128.

件和途径也会随之不断变化。① 可见，获得感与需求相互促进，呈动态发展趋势。

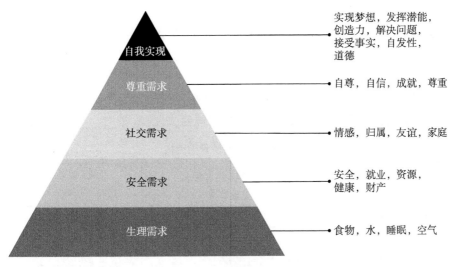

图 2-4 马斯洛需求层次模型

2.2.2 社会质量理论

社会质量理论的思想源于 20 世纪 90 年代中期欧洲举办的一系列科学和政策导向的会议。为了对抗当时社会政策附属于经济政策的现象，欧盟成立了社会质量研究基金会，以资助欧洲学者对各国社会质量进行研究。随后，1997 年，欧洲 1000 多名学者在荷兰阿姆斯特丹签署通过的《欧洲社会质量阿姆斯特丹宣言》称："考虑到所有市民的基本尊严，我们声明：我们不想在欧洲城市目睹日益增长的乞讨者、流浪汉，我们也不希望面对数量巨大的失业群体，日益增长的贫困人群，以及只能获得有限医疗服务和社会服务的人群。这些以及其他指标都表明欧洲的社会质量不高。"基于这一政策导向，学者们对社会质量展开研究，形成了社会质量理论。社会质量是指公民在那些能够提升他们福利状况和个人潜能的条件下，参与社区的社会经济生活的程度。如表 2-1 所示，社会质量理论认为社会质量的构成

———————

① 改革开放之前，人民获得感的基础是基本的衣食住行等，提升获得感的具体途径之一是发展农业生产力、轻工业生产力。目前，人民获得感的基础包含更多内容，如财务安全、保险保障、投资理财，此时推动国民金融能力提高是提升其获得感的路径之一。

因素包括条件性要素、建构性要素和规范性要素。① 基于这一概念框架，社会质量理论建构了个人和社会的四维象限（见图2-5）。在图2-5中，个体发展和社会发展构成垂线的两极，而正式的系统与非正式的生活世界则构成了水平线的两极。这两条轴线组成了一个坐标系。在该坐标系的四个象限中，如果着眼于社会体系、制度和组织体制等社会环境因素，一个社会的社会质量可以通过该社会为人们生活所提供的社会经济保障水平反映出来。如果着眼于个体，该社会的社会质量则可通过其为个人提供的进入社会体系的机会以及个人融入主流社会的可能性来反映。②

表 2-1　社会质量的结构

条件性要素 （机会+偶然）	建构性要素 （进程）	规范性要素 （方向）
（1a）社会经济保障	（2a）安全与韧性	（3a）社会公平公正
（1b）社会凝聚	（2b）社会认知	（3b）团结
（1c）社会包容	（2c）社会反应	（3c）平等价值观
（1d）社会赋权	（2d）能力	（3d）人的尊严

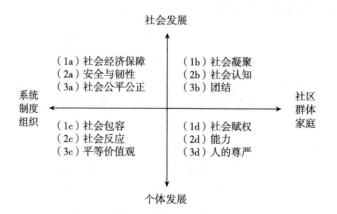

图 2-5　社会质量的构成要素及其关系

根据社会质量理论，社会质量一般用条件性要素的四个维度来衡量，

---

① 韩克庆. 社会质量理论：检视中国福利改革的新视角 [J]. 教学与研究，2011（1）：35-41.

② 林卡. 社会质量理论：研究和谐社会建设的新视角 [J]. 中国人民大学学报，2010，24（2）：105-111.

即社会经济保障、社会凝聚、社会包容和社会赋权。[①] 不同于以往衡量经济发展水平的 GDP、人均收入指标，社会经济保障包括那些人们赖以生存的基本社会经济保障条件及相关制度，涵盖对收入、工作机会、医疗、养老、教育、住房、社会网络及闲暇等方面的保障，对人们来说是减少被贫穷剥夺的安全网，是人们获得感产生的基础。社会凝聚主要包括社会信任和社会认同等。例如，该维度常常考察人们对警察、公安、司法和政府官员，以及对企业、专家、产品生产者的信任程度。显然，社会凝聚一方面能准确反映社会质量，另一方面也是获得感的重要影响因素。社会包容是社会排斥的反面，简单而言，它是指让人们有机会参与到与日常生活相关的各种社会关系中去，[②] 这是影响人民获得感尤其是弱势群体获得感的重要因素。社会赋权关注个体能力的提升，主张每个人都是有知识和能力的行动者。该指标考察民众获得政治资讯的容易程度以及他们所拥有的参政议政的权利等，同时也考察人们参与社会事务的能力、意愿和积极性，以此来反映社会质量的高低，[③] 而赋权强能也正是获得感提升的根本路径。

2.2.3 人的全面发展理论

人的全面发展理论是马克思主义的重要组成部分。马克思在《共产党宣言》中指出："代替那存在着阶级和阶级对立的资产阶级旧社会的，将会是这样一个联合体，在那里，每个人的自由发展是一切人的自由发展的条件。"[④] 可见，马克思认为人的自由全面发展是社会发展的终极目标。人的全面发展理论内涵丰富，主要包含以下三个方面：一是人的活动（特别是劳动活动）、人的需要、人的能力全面发展；二是人的社会关系全面发展；三是人的个性全面发展。

人的全面发展与人民获得感提升具有高度内在一致性。人的活动是为了满足需要，而能力的发展是满足需要的手段。活动的全面发展是指人不仅要从事物质生产活动，还要从事脑力活动，参与经济、政治、社会的管

① 张海东，石海波，毕婧千. 社会质量研究及其新进展 [J]. 社会学研究，2012，27（3）：223-240+246.

② 林卡. 社会质量理论：研究和谐社会建设的新视角 [J]. 中国人民大学学报，2010，24（2）：105-111.

③ 林卡. 社会质量理论：研究和谐社会建设的新视角 [J]. 中国人民大学学报，2010，24（2）：105-111.

④ 中共中央马克思恩格斯列宁斯大林著作编译局. 马克思恩格斯全集（第1卷）[M]. 北京：人民出版社，1995：294.

理活动。随着活动的全面发展，需要形成包括生存、享受、发展等层次递进的丰富体系。① 人们可以通过全面发展的活动尤其是劳动活动满足自身不断丰富的需要，并提升获得感。这一过程正体现了获得感"劳有所获"的特征。而活动和需要全面发展的一个前提是人的能力也要实现全面发展。人的能力的全面发展意味着人全面地发展自己的一切能力，即全面发展自己的体力和智力、自然力和社会力、潜力和现实能力等，并在实践活动中发挥他的全部才能和力量。《资本论》的这段话最能体现什么是能力的全面发展，即"我有可能随我的心愿，今天干这事，明天干那事……但并不因此就使我成为一个猎人、渔夫、牧人或批判者"。通俗地说，能力的全面发展就是拥有各种能力并且可以根据不同的劳动需求变换职能，同时在劳动过程中进一步使能力得到增强。

人的社会关系全面发展既包括经济关系、伦理关系和文化关系的全面发展，又包括社会交往的拓展。在乡土社会中，血缘限制着社会活动和社会关系的发展。费孝通指出："亲密的血缘关系限制着若干社会活动"，②"在亲密的血缘社会中商业是不能存在的……商业是在血缘之外发展的。地缘是从商业里发展出来的社会关系"。③ 随着社会变迁和活动的全面发展，人的社会关系也逐渐丰富起来。人们有机会与外界发生更多联系并参与到更多样的活动中去，进而提升获得感。人的个性全面发展是指"人的自主性、能动性、独特性、创造性的充分展示"，④ 即个性全面发展的人不再是"社会的螺丝钉"，他们有能力且有自由创造自己的历史。

2.3　获得感的本质属性

我国在改革开放进程中一直重视 GDP 指标。这是因为，改革开放之初，我国经济基础薄弱，首要任务是把蛋糕做大，此时追求 GDP 的增长与我国国情是相适应的。但现阶段我国社会主要矛盾已经转化为"人民日益增长的美好生活需要和不平衡不充分的发展之间的矛盾"。⑤ 这一转变意味着粗

---

① 吴向东. 论马克思人的全面发展理论 [J]. 马克思主义研究, 2005 (1)：29-37.
② 费孝通. 乡土中国 [M]. 北京：作家出版社, 2019：82.
③ 费孝通. 乡土中国 [M]. 北京：作家出版社, 2019：83-84.
④ 杨芷英. 论人的全面发展与社会主义和谐社会的构建 [J]. 马克思主义研究, 2005 (3)：34-39.
⑤ 习近平指出，中国特色社会主义进入新时代是我国发展新的历史方位. 中国政府网, http://www.gov.cn/zhuanti/2017-10/18/content_5232625. htm.

放式发展、过于追求 GDP 增长已经不再适用于我国国情。那么，在全面深化改革的当下，选用哪些指标来衡量改革成效是一个值得考虑的问题。一方面，这些指标要能准确客观地衡量出我国在经济、政治、文化、社会和生态等方面的实际改革成效；另一方面，"以人民为中心的发展思想"决定了我国要关注人民在改革发展中的"获得"和"感受"。于是，获得感应运而生。

2.3.1 以人为本，强调人民的主体性

主体性是指主体在对客体的作用过程中表现出来的自为性、能动性和自主性（詹艾斌，2007）。强调人的主体性是获得感的一大特征。首先，获得感的提出意味着对改革发展的评价侧重点从"供给程度"转向了"供给满足需求的程度"（邢占军等，2017）。在度量获得感时，考虑的是人民的"所得"和"所感"，即社会发展的成果都是为人民所享、由人民评价。反观其他指标，GDP 是以物为本，幸福感虽然也是以人为本，但却有较强的主观随意性。其次，共建才能共享。获得感的提升要求人民参与到社会建设中来，即要求人民发挥主观能动性和自主性，这也体现了获得感以人为本的特征。最后，追求获得感并不是无止境地满足物欲。真正的获得感不仅包含物质获得，还包含自我价值的实现。获得的最终目的是让人们可以更自由地选择和发展，这正是客体为主体服务的体现。

2.3.2 兼顾物质获得、精神获得和主观感受

个体主观幸福感的影响因素主要取决于个体自身（Diener 等，2018）。例如，部分人即便在社会改革发展进程中得到了物质和精神上的满足，但由于其心态、性格等原因，可能感受不到这些变化，因此其幸福感较低。又如，"如果一个由于饥荒而挨饿并且健康极度受损，同时也为疾病所困的人，由于某种心理调节而幸福（比如说，通过'宗教'鸦片），那么根据这种心理状态视角，这个人将被认为过得很好，但那种看法将是令人反感的"，[①] 这种情况下不能说这个人"有所得"，因为物质和精神的获得必须和生活本质联系在一起（孔塞桑等，2013）。而在实际获得基础上的获得感与生活的本质联系较为紧密，它并不过于强调对生活的感知，但同时也不忽视人们的主观感受。其中，个体对改革成果是否公平分配的认知是获得感

---

① 阿玛蒂亚·森. 后果评价与实践理性 [M]. 应奇，译. 北京：东方出版社，2006：136.

生成的关键（吕小康等，2021）。可见，获得感是一个兼顾实际获得和主观感受的综合性指标，因此也是一个更优的社会发展测量指标（郑风田等，2017）。

2.3.3　对弱势群体福利研究的适用性更强

获得感的客观性决定了人们拥有获得感的前提一定是先有物质上的获得和生活质量的提升。对于物质富足的人群而言，物质需求的满足不再对其感受起决定性作用，情感需求的满足及自我价值的实现是他们的目标，因此他们更追求幸福感而非获得感。对于弱势群体而言，由于我国实现了全面脱贫，他们的基本物质需求已经得到满足，其需求层次正转向安全需求。安全需求既包括人身安全需求，又包括摆脱失业威胁、生活有持续保障、病有所医等财务安全需求。[①] 财务安全需求得到满足的重要条件是拥有稳定收入来源和合适的保险保障，而这两者从无到有、从有到多的过程正是弱势群体获得感提升的过程。从国家层面来看，我国虽然取得了巨大的改革成效，但仍面临着城乡发展不平衡、贫富差距较大等问题。在解决这些问题的过程中，国家需要特别关注弱势群体的实际获得及感受，以此来确定改革的方向。因此，获得感是一个适用于研究弱势群体福利的指标。

2.3.4　建立在奋斗观的基础上

获得感不是凭空而来的。要实现获得感的提升，人民应当发挥能动性并参与到社会主义建设实践中来，在共建的过程中共享。共建的关键词是参与、劳动、奋斗。首先，奋斗是人们拥有实际获得并满足自身需求的根本途径，因此也是建立获得感基础和提供获得感来源的根本途径。个体是否得到了与其努力程度和劳动成果相适应的物质增量是影响其获得感感知的重要因素。其次，获得感的客观基础不是单纯的"获得"，获得感的主观感受也不是简单的快乐，它还应包含一个重要的方面——意义感[②]。意义感需要通过努力才能获得，比如完成一项稍显困难又富含意义的工作——创业。创业包含挑战、未知，需要创业者付出很多辛苦和努力。但是，一旦有所收获，创业者不仅会感到快乐，更重要的是还会收获意义感，进而实现获得感的提升。拥有这种未来的或长期的获得感是有一定前提的，即牺

---

① 罗子明. 消费者心理学（第二版）[M]. 北京：清华大学出版社，2002：77.
② 保罗·多兰（2016）在《设计幸福》一书中谈及意义感，认为人们在日常生活中对意义感的体验对幸福感至关重要。

性短期的快乐，艰苦奋斗。① 由此可见，获得感的理论内涵建立在奋斗观的基础之上。

2.3.5 强调对弱势群体赋权强能

提升人民获得感不是单向地给予其利益（曹现强等，2017），而是通过为人民提供更多参与社会经济发展的机会，帮助人民提升能力进而让他们在共建的过程中共享成果。共建的要义是全体人民尤其是弱势群体都能参与社会主义建设。共享的要义则在于全体人民尤其是弱势群体都能分享改革发展成果。实现共建共享的重要路径之一就是对弱势群体赋权强能。如果参与社会主义建设的权利被剥夺，人们就没有动力发挥能动性，也就无法提升获得感；反之，赋予权利可以提高人民共建的积极性。家庭联产承包责任制就是一个典型例子。该制度打破了产权管制、赋予农民对土地的自主经营权，有效地激励农民发挥主观能动性，最终给农民带来了强烈的获得感与幸福感。强能包括个体能力增强和发展机会拓展。例如，农村电商综合服务平台"村村旺"② 就是农民重要的强能工具之一，它可以为高质量农产品提供可持续销售渠道、为信用良好的农户解决融资难问题，以此提升农民的自我造血能力，进而提高农民获得感。

2.3.6 过程与结果并重

人民获得感得到提升的基础是物质获得和精神获得，体现了获得感对结果的关注。同时，获得感也关注个体在个人价值及社会价值实现过程中所付出的努力。可以说，个体能动性发挥与社会环境支持之间的互动过程也是获得感的重要组成部分。这一互动过程的程序公平性对获得感的感知有很大影响。例如，在一个公平的竞争过程中，个体即便失败了，也不会有太多的痛苦（熊毅，2016），其获得感不易受到负面影响。由此可见，获得感是一个既强调获得结果也强调获得过程的指标。

---

① 有的学者称之为"延迟满足"，而保罗·多兰（2016）认为这是在不同的时间以不同的方式在快乐和意义感之间做出平衡和取舍。

② "村村旺"是全国首个以大数据和交易结算为硬核科技驱动的农村电商综合服务平台，该平台通过云计算、大数据、物联网、区块链等信息化技术对农产品的生产过程全程监控，既能保证产品质量，又能帮助农户进行科学的种养殖管理并增加销售渠道。此外，该平台已经与公安、工商、税务、气象、法院等多个市级部门实现数据共享，再加上农户的种植养殖情况、土地面积、订单数量、交易金额等一系列流通环节沉淀出的数据，让银行在评估农户征信环节有迹可循。

2.4 获得感的时代价值

虽然"获得感"是一个新词，但学术界对获得感的重视程度不亚于幸福感。如图 2-6 所示，截至 2020 年，获得感研究文献发文量在五年间达到 461 篇，且研究热度只增不减（张正，2021）。为何一个新词的力量如此强大，能与有千百年历史的幸福感比肩？首先，从发展阶段来看，获得感是一个更适宜我国福利研究的指标。与欧美等发达国家相比，我国人均收入还不够高，把蛋糕做大仍是国家发展的重点之一，因此对经济增长等客观情况的衡量依然重要。其次，从区域来看，获得感是一个更适宜农村地区的指标。长期以来，我国农村经济发展滞后，农村居民赚取收入的途径少，教育资源有限，医疗卫生条件较差，农业的弱质性特征明显，城乡发展失衡，城乡以及农村内部贫富差距较大等问题突出。2020 年，农村和城镇居民的人均可支配收入分别为 43833.8 元和 17131.5 元，[①] 前者是后者的 2.55 倍。可见，要真正实现乡村振兴和共同富裕，必须重视农村地区的经济增长、缓解城乡发展不平衡问题。所以，测度农村从经济改革中的受益程度应更偏重实际获得而非主观感受这一层面。最后，目前我国刚刚实现全面脱贫的目标，正处于一个特别的时点。2021 年 2 月 25 日，习近平总书记在全国脱贫攻坚总结表彰大会上的讲话提到："完成了消除绝对贫困的艰巨任务……脱贫攻坚战的全面胜利，标志着我们党在团结带领人民创造美好生活、实现共同富裕的道路上迈出了坚实的一大步。同时，脱贫摘帽不是终点，而是新生活、新奋斗的起点。"[②] 这标志着我国扶贫工作重点从消除绝对贫困转向缓解相对贫困。在前一个阶段，首要目标是满足农民的基本生活需求；而消除绝对贫困之后，农民的生存需求暂时不再受到威胁，需求转向更高的层次。但要让这种状态可持续并让农民更高层次的需求得到满足，必须"授之以渔"，使其通过自身努力提升获得感。这一获得感提升的过程既是参与、奋斗的过程，又是能力提升的过程，而能力的提升又会进一步增强其获得感。获得感的感知反过来也是人们持续奋斗的动力。由此可见，提升农民获得感和反贫困、乡村振兴、共同富裕的理念有着内在一致性。

---

① 《中国统计年鉴 2021》，http：//www.stats.gov.cn/tjsj/ndsj/2021/indexch.htm.

② 全国脱贫攻坚总结表彰大会. 新华网，http：//www.xinhuanet.com/politics/tpgjzjbz/index.htm.

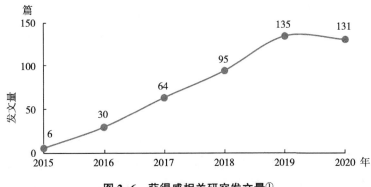

图 2-6　获得感相关研究发文量①

2.4.1　反贫困是实现农民获得感提升的第一步

由于财富的积累状况不同，穷人和富人在"时间分配"方面具有根本性的差异。② 例如，为使生存需求得到满足，社会中的弱势群体不得不将大部分时间分配于收入微薄的辛苦劳作中，这不仅挤压了其培育人际关系和培养自身能力的时间及精力，限制了其更高层次需求的满足，还意味着他们要面临生存压力、消极情绪和有害环境危险性的增加。贫穷本身就代表一种低质量的生活，而贫穷带来的焦虑和压力会消耗弱势群体的生理和心理，这种消耗会进一步降低其生活质量，导致其与富人在能力、收入、财富等方面的差距越拉越大，不平衡进一步加剧，最终弱势群体就会陷入贫穷的恶性循环陷阱，无法实现获得感的提升。正如阿玛蒂亚·森所说，"贫穷会使人丧失挖掘自身潜力的能力"。本书认为，贫穷也是对人们获得感的剥夺。从表面上看，贫穷影响的范围似乎只包括低收入群体，实则不然。一方面，贫穷让人产生社会失望，进而降低他们对社会规范的遵从程度，产生社会混乱，带来更多不安定因素；另一方面，贫穷往往伴随着社会不平等，不平等会拉低社会整体消费水平，进而影响经济增长。这两种情况均会对全体人民的获得感产生负面影响。

作为社会弱势群体之一，农民的能力受到剥夺，因此农民单靠自己是无法轻易跳出贫穷陷阱的。政府及其他社会力量应通过扶贫政策帮助农民减贫、脱贫，以走出提升农民获得感的第一步。反贫困既要着力当下，让

①　张正，金丽馥．获得感研究述评与展望——基于 2015—2020 年文献 CiteSpace 可视化分析 [J]．江苏大学学报（社会科学版），2021，23（5）：91-101.

②　本杰明·雷德克利夫．人类幸福的政治经济学：选民的抉择如何决定生活质量 [M]．北京：北京大学出版社，2018.

农民彻底摆脱物质贫困，又要立足长远，通过帮助农民提升能力从而战胜贫穷。[①] 我国反贫困形式多样，包含建立最低生活保障制度等"输血式"扶贫、易地搬迁等"换血式"扶贫，也包括发展产业、提供微型贷款服务[②]、对弱势群体的教育进行投资[③]等"造血式"扶贫。这方面较为典型的案例是"中国扶贫第一村"赤溪村的脱贫历程。赤溪村下山溪自然村[④]是一个"挂"在半山腰的贫困村，遍地布满石块，无法耕种，村民只能看天吃饭。直到1984年6月24日，《人民日报》刊登了福建省福鼎市新闻记者王绍据所写的一篇反映赤溪村贫困状况的文章，引发巨大反响，赤溪村由此成为改革开放后引起全国关注的第一个贫困村。[⑤] 1984年至1993年，党和政府多次给村民送来生活物资、生产工具以及生产种苗，且免除下山溪自然村的征粮任务，这个阶段的扶贫方式主要是"输血式"就地扶贫。但由于这里山峭地少，野猪、野猴破坏猖獗，"输血式"扶贫成效甚微。[⑥] 1993年，赤溪村开通了第一条通往集镇的泥结石土路，村民外出不再只靠步行、搬运不再只靠肩挑手提，山上的村民开始有了搬迁下山的念头，次年依靠政府发放的专项资金，家家户户投工投劳，仅半年多时间就实现了下山溪自然村整村搬迁，自此，赤溪村12个自然村350多户村民陆续搬迁至中心村长安新街，家中有了自来水和电灯，村中有了卫生所和学校，生活水平得到极大改善，"换血"式扶贫卓有成效。党的十八大以来，新时代脱贫攻坚的序幕拉开了，赤溪村也迎来了"造血"式扶贫新机遇。[⑦] 农业方面，赤溪村进行规模化种植和集约化生产，并引入食用菌、白茶等新产业。旅游业方面，赤溪村引入旅游公司，合作建立了人文生态旅游区。在此基础上，村民们自行创业，开办了特产店、农家乐、小超市、特色民宿等。针对村中女性，赤溪村成立了畲乡巾帼创业社，鼓励当地妇女参与鹅卵石手绘项

---

① 罗俊锋. 讲好脱贫攻坚的中国故事 [N]. 学习时报，2016-03-10（005）.

② 诺贝尔经济学奖得主尤努斯开创和发展了"微型贷款"服务，他创立的孟加拉乡村银行致力于向穷人和女性提供贷款，让他们通过自己的努力摆脱贫穷。

③ 另一位诺贝尔经济学奖得主赫克曼通过大量的实证研究发现，投资于弱势群体的幼儿教育可以最大限度地拉大经济增长。

④ 赤溪村是一个集"老、少、边、穷"于一体的偏远畲族村落。村子有14个自然村，全都散落在太姥山西麓的大山里。其中下山溪村在扶贫工作展开前是赤溪村中最贫穷的自然村。

⑤ 范陈春，王婷婷，蔡雪玲. 福鼎市磻溪镇赤溪村：弱鸟先飞的"中国扶贫第一村" [N]. 福建日报，2021-10-26（006）.

⑥ 到20世纪80年代末，全村人均年收入仍不足200元，贫困率在90%以上。

⑦ 范陈春，王婷婷，蔡雪玲. 福鼎市磻溪镇赤溪村：弱鸟先飞的"中国扶贫第一村" [N]. 福建日报，2021-10-26（006）.

目。2020 年，赤溪村经济收入达 5992 万元，村集体经济收入达 215.18 万元，人均可支配收入 30127 元，分别约为 2014 年的 3 倍、10.7 倍和 3.4 倍，[①] "造血式"扶贫取得巨大成效。可以看到，"输血+换血式"扶贫让农民的基本物质需求得到满足，提升了其获得感，获得感的提升又进一步激发农民奋斗的积极性，使得"造血式"扶贫顺利实施，农民获得感再次得到提升。反贫困起到的作用是让农民距离勤劳致富的目标更近一点，[②] 是激发农民奋斗的积极性从而实现农民获得感提升的第一步。

2.4.2 乡村振兴战略是提升农民获得感的重要手段

（1）通过"扶志扶智相结合"提升农民获得感

2020 年农村绝对贫困得到全面消除后，我国仍然面临城乡差距大、社会流动放缓、城乡发展不平衡等问题。为化解城乡发展不平衡的矛盾，破除二元经济结构，党的十九大报告中提出了乡村振兴战略。2021 年 3 月，中共中央、国务院发布的《关于实现巩固拓展脱贫攻坚成果同乡村振兴有效衔接的意见》指出，乡村振兴战略的一个主要原则就是"坚持群众主体、激发内生动力。坚持扶志扶智相结合，防止政策养懒汉和泛福利化倾向，发挥奋进致富典型示范引领作用，激励有劳动能力的低收入人口勤劳致富"。[③] 大多数低收入农民群体没有足够的动力或能力参与有挑战性的、能改善生活的行动，而乡村振兴战略的"坚持群众主体、激发内生动力"和"坚持扶志扶智相结合"等理念则是为了引导这部分农民通过奋斗增收致富。"扶志"是指让农民有动力追求美好生活，"扶智"则是指让农民有能力追求美好生活，"志"和"智"分别代表农民的态度和智慧。乡村振兴战略正是通过对农民赋权强能进而让他们在脚踏实地的奋斗中得到物质收获和精神收获（包括意义感），最终在长期中得到获得感的提升。《乡村振兴战略规划（2018—2022 年）》指出要"加强农村社会保障体系建设""提高农业风险保障能力""加强保险推广等服务，为农民参与产业融合创造良

---

① 胡银芳. 赤溪河的吟唱——来自"中国扶贫第一村"赤溪村的报告 [J]. 党建, 2021 (1)：56-58.

② 《贫穷的本质》一书谈道："对于穷人来说，存钱的吸引力更小，因为在他们看来，目标太遥远了，而且他们知道一路上会遇到很多诱惑。不过，如果不存钱，他们会一直穷下去。"

③ 中共中央　国务院《关于实现巩固拓展脱贫攻坚成果同乡村振兴有效衔接的意见》. 中国政府网，http：//www.gov.cn/zhengce/2021-03/22/content_5594969.htm.

好条件""鼓励保险等金融资源聚焦服务乡村振兴"。① 显然，参与保险要求农民在短期利益和长期利益之间做出平衡和选择：购买保险需要人们先付出保险费，未来风险发生时收获保障。阿比吉特·班纳吉等（2013）发现许多人即便没有遇到风险，保险未发挥作用这一事实也让他们感到沮丧，这种沮丧可能会削弱部分农民对保险的购买意愿，从而削弱其长期获得感。相反，能力越强的农民越能理解保险的价值且越有机会获得保险，因此更有可能通过参与保险得到获得感的长久提升。②

（2）数字乡村助力农民获得感的提升

数字乡村是伴随网络化、信息化和数字化在农业农村经济社会发展中的应用，以及农民现代信息技能的提高而内生的农业农村现代化发展和转型进程，是乡村振兴的战略方向。③ 其基本原则之一是"坚持以人民为中心，建立与乡村人口知识结构相匹配的数字乡村发展模式，着力解决农民最关心最直接最现实的利益问题，不断提升农民的获得感、幸福感、安全感"。④ 其重点任务囊括十个方面：推动网络扶贫向纵深发展、加快乡村信息基础设施建设、强化农业农村科技创新供给、激发乡村振兴内生动力、发展农村数字经济、推进乡村治理能力现代化、深化信息惠民服务、繁荣发展乡村网络文化、建设智慧绿色乡村、统筹推动城乡信息化融合发展。⑤其中，网络扶贫属于扶贫工作的一部分，它是数字时代提升农民获得感的第一步；加快乡村信息基础设施建设和强化农业农村科技创新供给是增强数字技术可得性的手段，激发乡村振兴内生动力则既可增强金融服务可得性，⑥ 又可提升乡村人力资本水平，这三项任务均是为了提高农民的能力，是提升农民获得感的前提；发展农村数字经济可以降低农业生产成本、增

---

① 中共中央　国务院印发《乡村振兴战略规划（2018—2022年）》. 中国政府网，http：// www. moa. gov. cn/ztzl/xczx/xczxzlgh/201811/t20181129_6163953. htm.

② 保险属于非明显消费。非明显消费不大引人注意、难以进行比较，因此人们很难通过非明显消费提升快乐，但保险会给人们带来长久的安全感和获得感。

③ 郭顺义等. 数字乡村［M］. 北京：人民邮电出版社，2021：20.

④ 中共中央办公厅　国务院办公厅印发《数字乡村发展战略纲要》. 中国政府网，http：// www. gov. cn/zhengce/2019-05/16/content_5392269. htm.

⑤ 中共中央办公厅　国务院办公厅印发《数字乡村发展战略纲要》. 中国政府网，http：// www. gov. cn/zhengce/2019-05/16/content_5392269. htm.

⑥ "激发乡村振兴内生动力"中针对金融服务可得性的内容包括：创新农村普惠金融服务，改善网络支付、移动支付、网络信贷等普惠金融发展环境，为农民提供足不出村的便捷金融服务。降低农村金融服务门槛，为农业经营主体提供小额存贷款、支付结算和保险等金融服务。依法打击互联网金融诈骗等违法犯罪行为。

加农业收入、拓宽乡村居民收入来源，从而提升家庭经济获得感；与传统治理相比，数字化乡村治理更容易实现共治的目标，从而更能提升农民的政治获得感；深化信息惠民服务则可提升农民的民生获得感，例如，乡村电子政务平台可以让农民少跑腿，极大地便利了农民的生活；发展乡村网络文化的举措包括加强农村网络文化阵地建设和乡村网络文化引导，可提升农民的文化建设获得感；建设智慧绿色乡村的举措包括倡导绿色生产生活方式、提升乡村生态保护信息化水平，可以提升农民的生态建设获得感；最后，统筹推动城乡信息化融合发展是为了让城市和农村在信息化发展方面有公平发展的机会，齐头并进，进而促进农民获得感的生成。① 可见，数字乡村的推进将从经济、政治、民生、文化和生态等各个方面提升农民的生活品质，进而极大地提高其获得感（见图 2-7）。

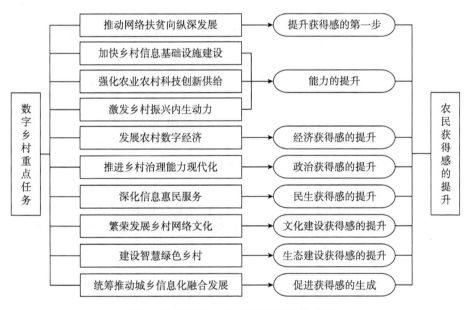

图 2-7 数字乡村助力农民获得感的提升

2.4.3 共同富裕和农民获得感提升同为乡村振兴战略的目标

共同富裕既强调公平，又注重效率，它是全体人民共建共享的富裕，

---

① 这是因为个体对改革成果是否公平分配的认知是获得感生成的关键。

不仅包含物质追求，还包含精神文化追求以及人的全面发展（王一鸣，2021）。① 从共同富裕的内涵可以看出共同富裕与获得感有千丝万缕的联系。首先，共同富裕是指人民群众物质生活和精神生活都富裕（谢伏瞻，2021），这与获得感"兼顾物质获得和精神获得"的理念是一致的。其次，共同富裕的前提是"富裕"，富裕代表物质丰裕。要实现这一目标，从根本上就是要推动生产力的发展。马克思强调，生产力是人类改造自然使其适应于人和社会需要的客观物质力量，② 它是人类全面发展和社会发展的最终决定力量。可见，追求共同富裕的过程正是满足人们需求、促进人的全面发展以及提升全体人民获得感的过程。再次，"共建共享的富裕"意味着所有人都要参与到社会建设中来，才能分享社会发展成果，最终实现共同富裕，这与获得感的"奋斗"理念不谋而合。最后，共同富裕包含"人的全面发展"，这一观点体现了在提升人民获得感的过程中人力资本的重要性，这与获得感"强调对弱势群体赋权强能"的思想具有高度一致性。从以上四点可以看出，共同富裕和获得感是一脉相承的。

实现共同富裕和提升农民获得感的目标方向、实现路径具有一致性。任泽平（2021）通过分析中国近些年的收入分配情况，指出我国的收入差距、贫富差距、城乡差距、地区差距、行业差距较大，社会流动缓慢，发展不平衡问题仍然比较突出。③ 显然，要实现共同富裕，就要解决发展不平衡问题，尤其要解决城乡发展不平衡问题。同样地，曹现强等（2017）提出获得感的一个重要特征是公平公正，即社会中每个人都能公平公正地享受改革发展成果。这里的"公平公正"不是指同等享受成果，而是共享。只有解决城乡不平等问题，农民才会有更强烈的获得感。从实现路径来看，实现共同富裕就要改善收入分配结构，扩大中等收入群体规模。王一鸣（2021）认为扩大中等收入群体规模有三条主要路径：促进低收入者进入中等收入群体、提高人力资本和破除社会流动的体制障碍。④ 可见，前两条路径都是从提升人力资本水平入手，第三条路径则是从改善外部环境入手，这三者恰恰也是提升农民获得感的重要方式。具体到金融领域，黄益平

---

① 求解"共同富裕"百家号，https：//baijiahao. baidu. com/s？id = 1711971858109127159&wfr = spider&for = pc.

② 吴向东. 论马克思人的全面发展理论 [J]. 马克思主义研究，2005（1）：29~37.

③ 《中国收入分配报告 2021：现状与国际比较》. 百家号，https：//baijiahao. baidu. com/s？id = 1708474630653061838&wfr = spider&for = pc.

④ 求解"共同富裕". 百家号，https：//baijiahao. baidu. com/s？id = 1711971858109127159&wfr = spider&for = pc.

（2021）认为金融对共同富裕的支持主要体现在支持经济高质量发展、提高金融市场化程度从而提高居民财产性收入、发展数字普惠金融三方面。[①] 这三条路径同样也可以助力农民获得感的提升。首先，金融可以更好地支持实体经济高质量发展，而经济发展同时是"共同富裕"和"农民有所获得"的基础。其次，提高金融市场化程度意指为人们创造良好的外部金融环境。良好的外部金融环境加上较高的金融素养可以推动农民参与金融市场进而获得财产性收入。最后，发展数字普惠金融可以缓解农民"融资难""投资难""保险难"的问题，其目的仍然是要改善金融环境，提升农民的获得感。

综上所述，共同富裕和获得感的内涵有共同之处，实现共同富裕和提升农民获得感的目标方向、具体路径是相同的。再者，《乡村振兴战略规划（2018—2022 年）》明确提出乡村振兴战略"关乎亿万农民的获得感、幸福感、安全感"，"实施乡村振兴战略有利于增进农民福祉，让亿万农民走上共同富裕的道路"。[②] 可见，共同富裕与实现农民获得感提升同为实施乡村振兴战略的目标。

2.5 小结

福利和幸福是一个永恒的话题。心理学领域关于幸福感的研究有两大方向，即心理幸福感和主观幸福感。社会学家和经济学家较为关注的是后者。主观幸福感涉及个体的情感体验和对生活的主观认知，这一广泛的概念将生活满意度包括在内。主观幸福感的测度方法包括回溯式自我报告法、体验抽样法、生态瞬时评估法和日重现法等。其影响因素有遗传、比较、经济状况、社会关系等。与研究历史悠久的主观幸福感不同，获得感是一个新概念，是具有中国特色的福利指标。其内涵界定分为两大类：整体界定、分领域或分主体界定。前者往往强调努力、奋斗、强能等获得途径，或是关注需求的满足和机会公平；后者更多地关注弱势群体。与之相对应，其测度也形成了两种思路：分维度测量、分领域或分主体测量。

---

① 黄益平：金融支持共同富裕主要在于"一次分配". 凤凰网，https：//ishare. ifeng. com/c/s/v002--qmF8v4Uvl1Jia--mgGFEVIt5ZxDsg1FL5V1z8cV7Xg4_.

② 中共中央　国务院印发《乡村振兴战略规划（2018—2022 年）》. 中国政府网，http：//www. moa. gov. cn/ztzl/xczx/xczxzlgh/201811/t20181129_6163953. htm.

获得感与主观幸福感虽然同属福利指标，但二者有两点根本性差别：获得感的客观性更强；获得感更体现人的差异性。深入探析获得感的理论内涵，本章认为获得感与马斯洛需求理论、社会质量理论和人的全面发展理论一脉相承。本章进一步精练出获得感的本质属性：（1）以人为本，强调人民的主体性；（2）兼顾客观获得和主观感受；（3）更适用于研究弱势群体的福利问题；（4）建立在奋斗观的基础之上；（5）强调对弱势群体赋权强能；（6）兼顾过程和结果，二者并重。

在我国，农民是最主要的弱势群体之一，提升其获得感兼具理论意义和现实意义。提升农民获得感与反贫困、乡村振兴、共同富裕等理念和战略具有内在一致性：反贫困政策是实现农民获得感提升的第一步；乡村振兴和数字乡村战略是进一步实现农民获得感提升的手段；共同富裕与实现农民获得感提升则同为乡村振兴战略的目标。

第 3 章

金融素养、金融能力与金融健康：概念辨析

随着金融市场的不断发展和创新，消费者能够选择的金融产品和服务越来越丰富。数字金融的快速发展催生了诸如支付宝和理财通等线上理财交易平台，大大提高了消费者参与金融市场的广度和深度。但在金融产品和服务创新层出不穷的同时，金融风险也在不断滋生，例如 P2P 平台暴雷引致一系列"金融海啸"屡屡发生，广大投资者被各种陷阱花式套牢，金融福利遭受严重损失。因此，从金融消费者保护的角度出发，如何提高其金融素养，培育其金融能力，实现其金融健康，就成为值得关注的话题。

3.1 金融素养

3.1.1 金融素养的概念界定

金融素养最早由 Noctor 等（1992）定义为"对金钱的使用和管理做出明智判断和采取有效决策的能力"。目前学术界尚未就金融素养形成统一的定义。在较早期的研究中，不少学者将金融素养等同于金融知识。Kim（2001）把金融素养定义为人们适应现代生活所需要的基本知识。Lusardi（2008）认为具备金融素养意味着掌握复利计算、名义价值与实际价值以及风险分散等基础金融知识。随着研究的不断深入，金融素养大致可分为狭义的金融素养和广义的金融素养。

狭义的金融素养通常是指人们对个人理财核心概念的理解和运用，侧重于知识和技能。美国金融素养总咨询委员会（PACFL，2008）认为，金融素养是个体为改善金融福利而有效管理其金融资源的知识和技能。此后，部分学者认为金融素养应该包括理解和应用两个维度，理解是指对金融知识的理解，应用则是金融技能，即在理解金融知识的基础上进行财富管理和金融分析的能力。广义的金融素养则是从能力角度出发，包括能够

影响个体金融福利的知识、技能、态度和行为，其内涵更加丰富。Atkin-son等（2011）将金融素养定义为"与金融事务相关的，用于金融决策以改善个人金融福利的意识、知识、技能、态度和行为"。这一定义被广为借鉴。

近年来，国内对消费者的金融教育工作逐步展开。2013年，中国人民银行率先将每年九月定为全国性金融知识普及月，并在全国范围内开展消费者金融素养调查，以提高消费者的金融知识水平和金融技能，使其更好地享受金融发展的成果。与此同时，围绕金融素养的学术研究也越来越丰富。部分研究遵循狭义的金融素养定义，例如，朱涛等（2015）从掌握知识和运用知识两个角度出发，认为金融素养既反映人们对经济金融知识的熟悉程度，也反映人们运用知识并最终做出合理金融决策的能力；何学松等（2018）则基于金融决策的角度，认为金融素养表现为人们结合金融资源和金融信息做出相关决定的意识、技能和知识。此外，也有研究遵循广义的金融素养定义，例如，尹志超等（2015）、吴雨等（2017）将金融素养定义为人们通过运用所掌握的经济金融相关知识做出合理的金融资源配置决策，最终实现一生财务保障的能力。[1]

3.1.2　金融素养的测度

学术界尚未形成一个"通用"或"特定"的金融素养测度框架。本书通过梳理相关研究，将金融素养的测度大致分为两类：第一类是根据维度不同，从单维度、双维度和三维度进行测量；第二类是从主观和客观两个层面进行测量。

（1）第一类：分维度测度

如图3-1所示，分维度测度包括单维度（金融知识）、双维度（金融知识和金融技能）和三维度（金融知识、金融技能与金融态度）。

---

[1] 尹志超、吴雨等国内学者将"Financial Literacy"译为"金融知识"。

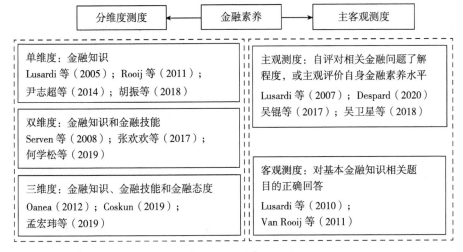

图 3-1　金融素养的测度

　　单维度是基于金融知识的角度衡量消费者的金融素养。Lusardi 等（2005）最早采用利率计算、通胀理解和风险识别"三大金融知识"问题度量消费者的金融素养，这一测度方法得到了较为广泛的参考和运用。随后，Lusardi 等（2009）又构造了基础金融知识和高级金融知识两个指标，前者考察受访者对复利、通货膨胀、货币时间价值和货币幻觉等概念的理解，后者考察其对股票市场、共同基金和风险分散的理解。Rooij 等（2011）进一步丰富了高级金融知识的测度，以考察消费者对债券和股票的理解。[①] 国内学者尹志超等（2014）、胡振等（2018）也主张从金融知识的角度测度金融素养。

　　双维度是基于金融知识和金融技能衡量消费者的金融素养。在金融技能测度中，问题设计主要关注受访者对金融知识的应用。例如，Servon 等（2008）设计了"是否有应急资金"和"是否写好今年的消费计划"等问题测度受访者的金融技能；何学松等（2019）通过考察农民在财务计算、金融资源获取、基本金融业务操作、金融产品自主选择与金融权益保护方面的实

---

　　① 该文在 Lusardi 等（2009）的基础上新增了三个问题：（1）下列哪个陈述是正确的？如果某人在股票市场上买了公司 B 的股票：（i）他拥有 B 公司的一部分；（ii）他借给给 B 公司；（iii）他对公司 B 的债务负责；（iv）以上均无；（v）不知道；（vi）拒绝；（2）下列哪项陈述是正确的？如果有人买了公司 B 的债券：（i）他拥有公司 B 的一部分；（ii）他借钱给 B 公司；（iii）他对公司 B 的债务负责；（iv）以上均无；（v）不知道；（vi）拒绝；（3）如果你购买了 10 年期债券，这意味着你无法在 5 年后卖掉，除非承担一笔罚金。这是真是假？（i）真；（ii）假；（iii）不知道；（iv）拒绝。

际能力对其金融技能进行评价；张欢欢等（2017）通过受访者对"是否了解金融产品信息""是否制定收入规划"等问题的回答测量其金融技能。

三维度是基于金融知识、金融技能和金融意识（态度）衡量消费者的金融素养。金融意识包括投资意识、储蓄意识、风险控制意识等；金融态度根植于个人对金融的整体认知和意识，能够反映金融消费者对风险的偏好程度、消费者的主观倾向和金融产品模式的选择等。金融态度考察了受访者在花钱方面的选择，即现在的钱享受当下，还是为未来进行规划并且负责任地花钱。因此，消费者的金融意识或金融态度也是影响其金融素养的重要因素。

（2）第二类：主客观测度

另一种具有代表性的金融素养测量是将其分为主观金融素养和客观金融素养。主观测度是通过受访者自我评估对相关金融问题或金融常识的了解程度，或者主观评价自己的金融素养水平，以此反映受访者的金融素养水平。Lusardi等（2007）要求受访者评价其对金融知识的理解程度以构建主观金融素养指标。[①] 吴锟等（2017）和吴卫星等（2018）通过询问受访者对投资类和融资类产品的了解程度构建了主观金融素养指标，询问"对股票投资、债券投资、基金投资3种投资方式是否了解"和"对购房贷款、购车贷款等6项贷款产品是否了解"等共9个问题。Despard（2020）则是通过受访者对"你会如何评价你整体的金融知识"的回答来测度其主观金融素养水平。

客观测度则根据受访者对问卷中基本金融知识相关题目的正确回答，计算最终得分来度量其金融素养水平。Lusardi等（2010）提出关于利率、通货膨胀和投资风险的三个问题并据此构建客观金融素养指标。Rooij等（2011）用总体金融素养、基础金融素养和高级金融素养三个指标客观衡量受访者的金融素养。

3.1.3　金融素养和金融行为的关系

作为一种特殊的人力资本，金融素养影响着家庭一系列的金融决策，包括参与金融市场、家庭资产配置以及制订养老计划和借贷策略等，进而影响其收入和财富水平的提升乃至金融福祉的增进。因此，国内外学者围绕个体金融素养对其金融行为的影响做了大量研究，发现金融素养对个体的借贷行为、投资行为、家庭资产配置以及保险保障行为均有显著的影响。

---

① 具体问题为"你如何评估自己对金融知识的理解?"，在1到7的范围内赋值，"1"表示非常低，"7"表示非常高。

（1）借贷行为

金融素养能够影响家庭的负债态度、借贷规模、还款能力和融资渠道选择。首先，从负债态度来看，金融素养较低的居民通常厌恶风险、不愿了解或不了解借贷，导致其借贷可能性较低。金融素养高的家庭凭借其对借贷流程和合同的了解，更可能进行借贷，从而在一定程度上缓解家庭流动性约束。其次，从借贷规模来看，金融消费者在进行金融决策时普遍存在未来价值认知偏差和利息支付认知偏差，如低估储蓄收益和贷款成本，[①] 因而缺乏金融素养或者不擅长金融计算的消费者更容易产生贷款违约和过度负债的行为，使家庭更易陷入财务困境。再次，从还款能力来看，Disney 等（2011）发现缺乏金融素养的英国消费者通常自评债务负担更重，更易出现信贷违约和偿债困难的情况。Lusardi 等（2015）使用美国居民的数据研究发现低金融素养者负债成本更高，且其自评债务负担更重甚至无法明确判断自身债务状况。孙光林等（2017）发现金融素养提高了农户还款意愿和还款能力，抑制了农户的信贷违约行为。最后，从融资渠道选择来看，金融素养高的家庭更倾向于从银行等正规渠道获取房屋贷款，也更可能使用信用卡来进行消费借贷。

（2）投资与资产配置

首先，金融素养影响个体参与风险市场的意愿。金融素养会通过提高居民投资理财的科学性促使其制定更长期的理财规划；通过提高消费者的风险容忍度、改善其风险感知力促使其参与互联网金融市场；通过缓解流动性约束提高其参与股票市场的意愿、投资规模和投资时长。

其次，金融素养影响家庭的资产配置。金融素养可增加家庭投资组合多样性，这可能是通过改善家庭风险态度实现的。投资组合多样化并非指多种投资产品简单叠加，而是指提升投资组合有效分散化程度。金融素养还能提升家庭投资组合的有效性。在资产类型方面，金融素养能够促使家庭配置更多的金融资产，尤其是风险资产。而罗文颖（2020）认为金融素养的提高与风险资产配置之间呈现出"倒 U 形"的关系。

最后，金融素养影响投资收益水平，与投资业绩具有显著的正相关关系。缺乏基本金融知识是家庭部门投资决策失误的重要原因。胡振等（2016）研究发现金融素养会提升消费者投资理财行为的理性程度和有效性，在降低投资成本的同时提高投资收益。秦海林（2018）也发现金融素

---

① Stango 等（2009）认为指数增长偏差的微观认知偏好解释了金融消费者的未来价值偏差和支付/利息偏差，即金融市场上的储蓄利率和贷款利率往往是复利计算和指数增长的，但金融消费者在直观评估时，倾向于将指数增长函数线性化，于是导致了低估储蓄收益和贷款成本的认知偏差。

养越高的家庭越有可能获取超额的投资回报。金融素养对家庭财富有着显著的正向影响，可以通过优化资产组合促进家庭财富积累。

（3）养老规划和保险保障

英国金融服务管理局认为养老规划是人们的关键生活事件之一。研究普遍支持了金融素养与养老规划制定之间的正向关系。Lusardi（2005）发现金融素养能够提升美国居民的自控力和规划能力，促使其制订跨期计划、进行养老储蓄、参与保险。金融知识的匮乏使得个体很难在投资、支出和退休计划中做出最优决策，加大其财务压力，影响其退休后的财富积累。基于中国的微观数据，朱涛等（2015）、吴雨等（2017）研究发现，金融素养越高的个体越有可能制订退休计划，且会更加积极地利用金融市场为退休做准备，养老准备也更充分。

除影响养老规划外，金融素养还会影响个人和家庭的参保行为。具有较高金融素养的个体能够认识到保险保障在抵御风险方面的重要作用，也更有能力选择合适的保险产品，因此金融素养正向影响家庭的商业保险参与。何学松等（2018）基于陕西省农户调研数据发现，金融素养能够提高农户购买农业保险的可能性。张欢欢等（2018）指出客观金融素养正向影响农户保险市场参与，但主观金融素养反而会负向影响农户保险参与。

3.2　金融能力

3.2.1　金融能力的概念界定

金融能力始于英国的一项全国性调查研究。在这项研究中，Atkinson 等（2006）首次将金融能力定义为人们为管理个人财务所必需的金融知识、信心和动力。金融能力是在金融素养基础上的进一步延伸。早期关于金融能力的部分研究借用了金融素养的定义，Lusardi（2011）认为金融能力是指拥有做出金融决策的知识和技能，金融能力往往与平衡收支、提前计划、选择和管理金融产品等行为相联系。本文通过梳理国内外文献，将金融能力大致分为两类：行为观和机会观。

行为观从个体层面和内部因素出发，认为金融能力是个体具备一定的金融知识和技能，以采取适宜的金融行为并获得金融福利的综合能力。其内涵与金融素养并无实质差异。2013 年世界银行在全球金融能力调查中将金融能力定义为"用于管理自有资源和理解、选择、使用满足自身需求的金融服务的金融知识、金融技能、金融态度和金融行为"，这一概念更为具体，也更具代表性。在此基础上，贝多广（2019）进一步强调，金融能力的核心与重点在于金融行为，并最终由金融行为加以体现。随着数字金融的快速发展，部分学者聚焦数字金融领域，提出"数字金融能力"概念。Luo 等（2020）将数字金融能力定义为个人或家庭使用数字金融产品和服务以满足自身经济利益的能力，其本质是个体利用数字金融素养实施恰当的金融行为并最终提高其金融福利的能力。可见，行为观界定的金融能力本质上与金融素养并无明晰界限。

机会观认为金融能力不仅是个体的一种内在能力，也包含个体能够追求自身经济利益的外部机会。在行为观的基础上，机会观将金融能力的概念予以延伸，使得金融能力与金融素养有了实质性差异。Johnson 和 Sherraden（2007）最早提出金融能力不仅包括金融素养，还包括接触适宜金融机构和产品的机会，即金融可得性。Sherraden（2013）将金融能力定义为人们以最佳财务利益行事的能力，包括金融知识和金融技能，以及获得有益金融服务的机会，并提出金融能力模型，被学者们广为借鉴（如图 3-2 所示）。机会观认为个体的金融能力由两部分组成：一部分是个体为做出正确选择所需的金融知识以及在日常生活中应用这些知识的能力，是其采取金融行为的必要性因素；另一部分则强调为个体提供适当的产品和服务，同时提供必要的激励，即为个体更好地实施金融行为提供可能的外部条件。可见，机会观对金融能力的定义是在行为观基础上的进一步延伸和拓展。

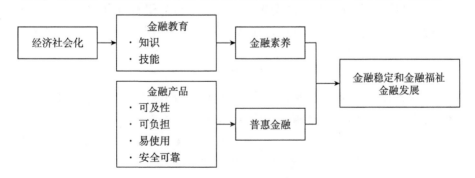

图 3-2 金融能力概念模型

3.2.2 金融能力的测度

如图 3-3 所示，已有研究对金融能力的测度大致沿着两个方向进行：一是基于个体内部能力进行测度，围绕金融知识、金融技能、金融态度、主观效能和金融行为展开，其中个体的金融行为是金融能力测度的核心；二是将个体内部金融能力与外部金融环境结合起来对金融能力进行测度，外部金融环境为个体提供金融产品和金融服务，以支持个体实现内部能力的外化。

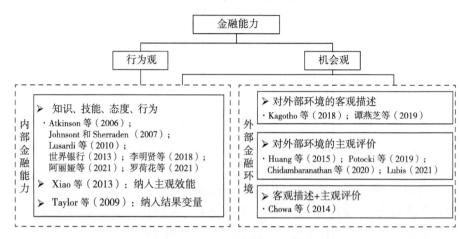

图 3-3 金融能力的测度方法

个体内部金融能力的测度框架，由 Atkinson 等（2006）首次提出，具体包括资金管理、提前计划、选择产品和保持知情。Lusardi 等（2010）从金融知识、提前计划、选择和管理金融产品三个方面报告了美国消费者的金融能力，发现美国大多数居民金融知识水平低得惊人，没有退休计划，也没有针对冲击作出任何准备。Fisher 等（2017）从资金管理、选择金融产品、保持知情三个方面测度消费者金融能力。世界银行（2013）提出了基于金融知识、金融技能、金融态度、金融行为四个层面的金融能力测度框架，构建了一个较为全面的金融能力测度范式。国内学者李明贤等（2018）、阿丽娅等（2021）、罗荷花等（2021）直接沿用了这一测度框架。Xiao 等（2013）首次将主观效能纳入金融能力的测度框架，从金融知识、金融行为、主观效能三个维度构建指标体系以测度消费者的金融能力。[①] 此外，财务状态在一定程度上反映了个人的财富管理技能，Taylor 等（2009）认为在控制其他与当前财务状态有关的因素（如收入、经济周期等）后，财务状态的好坏确实能够提供与个体金融能力有关的信息，并提出一个包含行为变量和结果变量的金融能力测度框架。[②]

---

① Xiao 将心理学概念 Self-efficacy（自我效能感）引入消费者金融能力的研究，并提出主观效能（perceived capability），即对人们金融行为和财务管理行为产生重要影响的财务自我效能。

② 行为变量围绕受访者的金融行为进行构建，结果变量围绕受访者的财务管理状态进行构建。

基于个体金融能力的测度方式梳理如表 3-1 所示。

表 3-1　基于个体金融能力的测度方式

作者	一级指标	二级指标	特点
Atkinson 等 (2006)	资金管理	维持收支平衡 借钱以维持收支平衡 核对和记录支出 了解财务状况 为"大额"支出做计划 对待消费和储蓄的态度	围绕金融行为展开，同时考虑金融知识、金融态度、金融技能
	提前计划	应对收入大幅下降 应对未来的大额开支 退休计划 提前计划的态度	
	产品选择	产品持有和购买 选择产品时是否获取、从何处获取信息和建议 是否阅读产品条款	
	保持知情	关注金融信息的类型和频率 产品知识 金融知识 对待及时了解金融信息的认同态度	
世界银行 (2013)	金融知识	基本金融概念（如通货膨胀、利率、风险） 关于金融产品和服务的知识 实务知识	围绕金融行为展开，同时考虑金融知识、金融态度、金融技能
	金融技能	计算能力 阅读理解能力	
	金融态度	对储蓄、借贷、投资的态度 对未来的态度 对老年计划的信心 对预算、储蓄、贷款的倾向	
	金融行为	日常资金计划 长期规划（紧急事件、退休） 金融决策（选择合适的金融产品） 寻求金融建议	

续表

作者	一级指标	二级指标	特点
Xiao 等 （2013）	主观效能	是否同意以下陈述（我擅长处理日常财务问题有关事项，如支票账户、信用卡和借记卡等）	纳入主观效能
	金融知识	主观度量：您如何评估您的总体财务知识 客观度量：关于利率、通货膨胀、债券价格、抵押贷款和股票的5个问题	
	金融行为	理想的财务行为（拥有教育基金、关注信息等14个行为） 糟糕的财务行为（入不敷出、逾期还款等9个行为）	
Taylor 等 （2009）	行为变量	储蓄行为	纳入结果变量
	结果变量	主观测度①	
		客观测度②	

注：根据文献整理而成。

普惠金融在世界各国的迅速发展以及数字技术的不断创新对人们的经济活动产生了巨大影响。缺乏外部金融环境的支持会导致金融能力两极分化，甚至导致"能力鸿沟"，因此，学术界逐渐关注到外部金融环境的重要性，并将外部金融环境纳入金融能力的测度框架。

关于对外部金融环境的测度方式，不同学者持不同观点：一些学者选择网点数量、网点距离等客观指标直接测度外部金融环境的发展水平。另外一些学者考虑到受访者与外部环境的互动，从受访者对金融机构的主观评价、对金融产品及金融设施的使用情况、是否有条件接触并使用金融产品和服务等角度间接测度外部金融环境。还有学者将以上两种方式结合起来对外部金融环境进行测度。此外，Perotti 等（2013）提出一个更加宽泛的金融能力测度模型，不仅考虑外部金融环境，还将外部社会环境，如社交网络、社会准则纳入金融能力的测度框架。

具体测度方式如表3-2所示。

---

① 主观测度使用以下两个问题衡量：（1）你认为自己最近的财务管理状况如何？（2）你觉得自己的经济状况比一年前更好了，还是更差了，还是和一年前一样？

② 客观测度使用以下三个问题来衡量：（1）你必须借钱来偿还房贷吗？（2）为了支付房贷，你是否不得不削减开支？（3）在过去的12个月里，你有没有发现自己拖欠房租或抵押贷款超过两个月？

表 3-2 结合个体内部金融能力和外部金融环境的测度方式

作者	内部金融能力		外部金融环境	特点
	一级指标	二级指标		
谭燕芝等 （2019）	金融知识	利率	家庭所在地区每万人享有的银行金融机构网点数量；家庭所在地区每万平方公里的银行网点数量	外部金融环境通过客观指标进行测度
		通货膨胀		
		投资风险		
	教育背景	受教育水平		
		是否接受过金融教育		
Huang 等 （2015）	金融素养	金融知识	受访者对正规金融机构和金融服务的满意度和评价	外部金融环境通过受访者与外部环境的互动（主观评价和使用状况等）来测度
		社会项目知识		
	金融行为	设置财务目标		
		坚持财务计划		
		记录花销		
		储蓄		
		拥有储备资金		
Potocki 等 （2019）	金融素养	算术问题	对金融产品和服务的使用情况，如持有金融产品的数量、日常支付方式等	
		风险知识		
		基本财务概念		
		投资知识		
		债务知识		
	主观效能	自我评价		
	金融行为	收支平衡		
		财务预算		
		记录支出		
		应急储备		
		咨询和信息获取		
		财务规划		
Chowa 等 （2014）	正规金融教育		与最近的正规金融机构的距离；理解银行对账单和规则的困难程度	上述两种相结合

注：根据文献整理而成。

3.2.3　金融能力的影响因素

金融能力的高低会受到多种因素的影响。首先是消费者的个体特征，如年龄、教育和工作情况等。Xiao 等（2015）运用 2012 年美国金融能力研究的数据，检验了个体年龄与金融能力间的联系，结果发现随着消费者年龄的增长，其金融能力也表现出更高的水平。罗荷花等（2020）发现我国农民的年龄与其金融能力水平之间呈现"倒 U 形"关系，即中年农民群体的金融能力相对更高。金融教育有利于增加青少年的金融知识和金融自我效能感，受过金融教育的受访者往往具有更高金融能力（Xiao，2016）。国内相关研究发现受教育程度和金融培训均能够提高农民的金融能力。与有工作的人相比，没有工作的单身青年金融能力更低。其次是消费者行为，包括金融市场参与、金融服务使用等。Chidambaranathan 等（2020）发现参与小额信贷活动能显著提升个体的金融能力。Fisher 等（2017）发现移动金融服务的使用能够提高无银行账户客户的金融服务接触程度，进而提高其金融能力。

3.3　金融健康

金融健康和金融福祉概念相近。国外相关研究大多集中在消费金融领域，针对低收入人群的研究较少；国内关于金融健康和金融福祉的研究就更为稀缺。系统提出金融健康概念及测量方式的主要有两个研究机构，分别是美国金融服务创新中心（CFSI）和中国普惠金融研究院（CAFI）。本书认为，个体或家庭在日常生活中表现出来的现金管理能力、应对财务冲击的能力和从冲击中恢复的能力、债务管理能力以及财富积累能力等，都是其金融健康水平的体现。对消费者个人而言，良好的财务状况有益于身心健康，有助于实现其目标；对家庭而言，良好的财务状况有利于家庭经济活动的开展及实现家庭关系的和谐与稳定。

3.3.1　CFSI 的界定

金融健康的研究始于 2015 年。CFSI（2016）定义的金融健康包括四个组成部分，即储蓄、支出、借贷和计划（如图 3-4 所示）。每个部分包含两个指标，其中"有足够的流动存款来支付生活开支"和"有足够的长期储蓄或资产"用于测量储蓄；"收入能够覆盖花费"和"按时全额支付账单"用于测量支出；"债务负担可持续"和"拥有最佳信用评分"用于测量借贷；"有适当的保险"和"提前计划花费"用于测量计划。[1] 最终通过八个指标计算出消费者的金融健康得分。[2] 研究发现，美国超过 57% 的消费者未实现金融健康。[3] 此后，CFSI（2017）对金融健康的测度体系进行补充和细化，设计了一套全球适用的金融健康指标体系，包括平衡收入与支出、建立和维持储蓄、管理现有债务并可获得新的债务、计划和确认优先顺序、从财务冲击中恢复以及使用有效的金融工具六个主要方面。[4]

美国消费者金融保护局（CFPB）提出金融福祉的概念，并将其定义为"管理日常和每月的财务；有能力承受财务冲击；顺利完成财务目标；拥有财务自由以享受生活"。这一概念与金融健康非常相近。

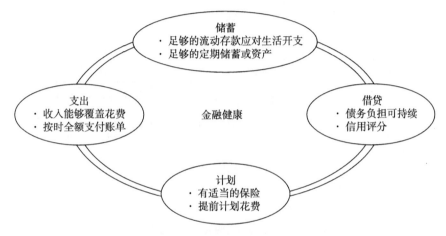

图 3-4 CFSI 金融健康概念模型

3.3.2 CAFI 的界定

国内最早研究金融健康的机构是 CAFI。在《中国普惠金融发展报告（2019）》中，CAFI 提出金融健康是指"消费者个人可以通过其金融知识、利用金融工具、采取合理的金融行为，以达到的个人财务状态"，并将其置

---

① CFSI. Eight Ways to Measure Financial Health, 2016.

② 八个指标对应的具体测度方法包括：（1）收入与支出之间的差额；（2）按时全额支付的账单占比；（3）流动账户余额能覆盖几个月的生活费用；（4）个人长期储蓄、资产和投资的金额；（5）债务收入比；（6）信用评分或信用质量级别；（7）保险种类和覆盖程度；（8）表现出未来财务取向的行为。

③ CFSI. Understanding and Improving Consumer Financial Health in America, 2015.

④ 贝多广. 包容、健康、负责任 中国普惠金融发展报告（2019）[M]. 北京：中国金融出版社，2019.

于普惠金融研究框架下，认为金融健康是"普惠金融最高层次的要求，是个人金融行为所导致的个人财务状态和结果"。

CAFI（2019）认为，金融健康应该关注消费者财务状态和消费者主观态度两个方面：客观测量其财务状态，包括其收入、支出、资产负债、借贷和保险等，用于判断消费者管理资金的能力；主观测量其当前的财务满意度和对未来的财务信心（如图3-5所示）。[①] 只有将两者综合考虑，才能全面体现消费者的金融健康水平。CAFI（2020）进一步将"金融健康"定义为与家庭福利状况或企业可持续发展相关的概念，不仅衡量家庭或企业使用金融服务的结果，而且考量家庭或企业满足日常和长期需求，并应对财务冲击的能力。

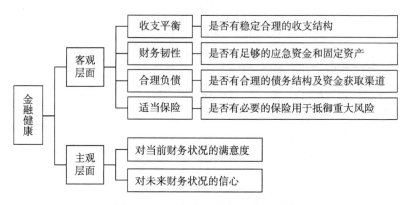

图3-5　CAFI金融健康概念模型[②]

3.4　联系与区别

3.4.1　金融素养、金融能力与金融健康的联系

不可否认，金融素养是金融能力的源头和基础，二者的核心内涵具有内在统一性。金融素养的概念体现了其与金融能力的联系。Noctor等（1992）从"能力"的角度出发，将金融素养定义为一个人在进行有效决策和行为判断时，对其所拥有的资金进行使用和管理的能力。大部分对金融

---

① 贝多广. 包容、健康、负责任　中国普惠金融发展报告（2019）［M］. 北京：中国金融出版社，2019.
② 贝多广. 微弱经济与普惠金融　中国普惠金融发展报告（2020）［M］. 北京：中国金融出版社，2020.

素养的定义都绕不开"能力"一词，这种能力即提高个体金融福利的能力。同时，广义的金融素养包含能够提升个体金融福利的知识、技能、态度、意识和行为，与行为观定义的金融能力界限模糊。①

金融健康可以被看成是一种金融福祉，而金融能力是实现金融福祉的手段。金融健康可以降低意外事件导致的经济损失，并有利于个体从危机中快速恢复。金融健康关注消费者达到更好的财务状态。金融能力则是个人做出合理金融决策、实现金融福祉的必备能力。因此，金融健康是金融能力提升的目的和结果，而金融能力提升则是实现金融健康的手段。

金融素养和金融能力提升的目的是实现金融健康。CAFI（2019）将金融素养、金融能力和金融健康置于普惠金融的框架下进行分析，并将其分别对应于普惠金融的不同层次要求。其中，第一层要求为金融产品和服务的广覆盖，构成了普惠金融的底层基础；第二层要求为提高消费者的金融素养，以便更好地理解和使用金融产品及服务；第三层要求是通过金融行为改善消费者的金融能力；第四层要求为金融健康，即最终呈现出来的良好财务状态和结果，这也是普惠金融的最高层次。

简而言之，金融素养是金融能力和金融健康的基石，提升金融能力是实现从金融素养到金融健康的必经之路，而金融健康则是金融素养和金融能力的最终目的。实现金融健康，既需要政府营造良好的金融环境，也需要金融机构承担社会责任，高质量、负责任地提供适宜的金融产品和服务，还需要个体坚持不懈地学习金融知识，学习管理资金及控制风险的技能，对未来进行规划并做好金融决策，从而改善生活和生命质量。

3.4.2　金融能力与金融素养的区别

首先，侧重点不同。金融素养更侧重于认知或知识，主要关注人们对个人理财有关的核心概念的理解，即后天习得的能力，其内涵较窄。金融能力则是在金融素养的基础上予以拓展和延伸，包含更为广泛的能力类型，如资金管理能力、提前规划能力以及金融产品选择能力等，同时更强调对知识灵活运用的能力，即认为具备金融素养与掌握运用知识的能力之间尚有较大差距。Dixon（2006）在对比这两个概念时，更倾向于认可金融能力的重要性，因为它更强调应用金融知识的能力以及能否发挥其在金融实践中的作用。

---

① 所以部分文献中出现了金融素养和金融能力混用的情况。

其次，对外部金融环境的理解不同。随着机会观金融能力的出现和发展，金融能力与金融素养产生了实质性差异。金融素养忽略对个体所处外部金融环境的考察，蕴含了个体拥有均等金融机会的假定，严重偏离了社会现实。金融能力则非常重视个体所拥有的或能够利用的外部金融环境，认为外部金融机会和内在金融素养都是影响金融消费者做出金融决策和金融行为的重要因素，如果没有适宜的金融产品和金融服务作为基础，金融素养便不能充分发挥其作用。Sherraden（2013）认为金融能力是个人能力之一，是个人有机会从金融教育中获得金融知识和技能并获取金融利益的能力。而个人的机会取决于个人能否接触到所需的金融产品和服务，所以可以看出金融能力更注重外部金融环境的作用。数字技术的快速发展使个体所处的金融环境发生重大变化，部分个体可能会乘上数字普惠金融这趟"高速列车"，享受到之前不能享受的产品和服务，金融处境得以改善，但也可能因为缺乏金融素养而使金融处境变得更糟糕。

最后，金融能力更关注弱势群体，并重视该群体的长期能力建设。Johnson 和 Sherraden（2007）认为，提升金融知识、技能、自信心及动机等方面的金融能力，可以提高个体接触和接受更多合适的金融产品和服务的概率（广度和宽度），因此提高弱势群体的金融能力更为必要。对弱势群体的支持不仅需要长期对其进行人力资本投资，即提高弱势群体的受教育水平、金融知识和金融技能水平，同时也要提高其金融可得性。如若只重视提高弱势群体的受教育水平而忽视其金融可得性，可能会使得教育的作用微乎其微。Bowe（2011）认为美国次贷危机的爆发根源于人们较低的金融能力，有必要从长期进行金融能力建设。田霖（2020）认为提升金融能力可以成为完善金融体系以及防范危机的事前措施。因此，如果政策致力于提高弱势群体的金融决策能力，从而提高其金融福利水平，一方面不能忽视人力资本投资的重要性；另一方面也要在提高其知识、技能和信心的同时，同步改善其所处的外部金融环境。

3.4.3 金融能力与金融健康的区别

首先，金融能力和金融健康测度的普适性水平不同。金融健康衡量的是个体的财务状态，是个体在收支、负债、储蓄和计划等方面的综合表现。金融健康可以类比于学生的考试成绩，是一个结果变量。由于金融健康是各类人群所追求的共同目标，因此其测度的普适性更强，这使得不同群体的金融健康水平可以在同一时间维度上进行比较。然而，金融能力更强调弱势群体的个体异质性特征，认为个体内部能力的差异性可能是先天差异，也可能是后天习得形成的差异。同时，由于金融机会稀缺，弱势群体往往难以通过金融实践提升内在能力。因此，应该设计适合不同群体的测度指标体系，通过在时间维度上进行追踪调查，进行动态比较。这就如同考察学生的学习情况，应根据其年级差异设计考卷。如小学低年级学生的数学能力可能体现在加减乘除等基本运算上，而高中生的数学能力则应体现在函数的理解和计算上。

其次，金融能力测度兼顾个体的过去和未来，呈动态性，而金融健康则更关注某个时点下相对静态的结果。金融能力的内涵和测度均关注金融消费者金融能力持续提升的潜力和未来成长的可能性，例如在测度金融能力时考察受访者是否制定规划、是否拥有积极的学习态度等。金融消费者可能当前并不具备较高水平的金融素养，也没有条件或能力做出恰当的金融决策，但如果有积极的态度和意识，则未来其金融能力会有较大可能得以提升。金融健康的衡量则更多基于个体过去的金融行为所导致的结果，更适合衡量个体某个时点的状态，无法对个体的未来金融健康发展趋势进行预测。

3.5 小结

金融素养有广义和狭义之分，狭义金融素养侧重知识和认知的角度，广义金融素养则更侧重能力的角度。其测度主要有两类：分维度测度（单维度、双维度、三维度）和主客观测度。作为一种特殊的人力资本，金融素养对借贷、投资、资产配置和保险保障参与等一系列家庭金融决策有着良性影响。

金融能力是由金融素养发展而来，其界定分为行为观和机会观两个类别。行为观关注个体内部因素，即金融素养；机会观认为金融能力不仅包含金融素养，也包含应用金融素养所需的外部金融环境，进一步延伸了金融能力的概念。相应地，金融能力的测度大致有两种思路：第一类只测度个体的内部金融能力，包含知识、技能、态度和行为等；第二类则同时测度个体内部金融能力和个体所处的外部金融环境。金融能力的高低会受到年龄、受教育程度、工作情况、金融教育以及金融市场参与等因素的影响。

不同于金融素养和金融能力，金融健康是一个更类似于"金融福祉"的概念。CFSI（2016）定义的金融健康包括储蓄、支出、借贷和计划等客观情况；CAFI（2019）则认为金融健康是指消费者通过其金融知识储备、利用金融工具、采取合理的金融行为，以达到个人财务状态，并将消费者主观态度纳入金融健康概念模型中。

在对金融素养、金融能力、金融健康三大概念进行辨析的基础上，本书认为金融素养是金融能力和金融健康的基石，提升金融能力是实现从金融素养到金融健康的必经之路，而金融健康则是金融素养和金融能力的最终目的。金融能力是指个体利用其所具备的知识和技能，基于一定的外部金融机会来进行金融决策以改善其金融福利的能力。本书认为金融能力是在金融素养基础上的拓展和延伸，不仅包含更为广泛的能力类型，还更强调应用金融知识的能力以及有效发挥金融知识在金融实践中的作用；金融能力重视个体所拥有的或能够利用的外部金融环境，认为外部金融机会和内在的金融素养都是影响金融消费者做出金融决策和金融行为的重要因素；金融能力更关注弱势群体，并重视该群体的长期能力建设；金融能力关注个体异质性，其测度兼顾个体的过去和未来，呈动态性。因此，本书也倾向于更认同金融能力的重要性。

第4章

农民金融能力指标体系重构

4.1　农民金融能力的内涵

4.1.1　"能力"与"可行能力"

《汉语大词典》对"能力"一词的解释是"能胜任某项任务的主观条件"。《辞海》对"能力"的解释为"顺利完成某项活动并直接影响活动效率所必需的个性心理特征。能力分为一般能力和特殊能力。前者指进行各种活动都必须具备的基本技能，如观察力、抽象概括力等。后者指从事某些专业性活动所必需的能力，如数学能力、音乐绘画能力、飞行能力等。人的各种能力是在素质的基础上，在后天的学习、生活和社会实践中形成和发展起来的"。[①] 我们可以看出，"能力"是对人类探索和认知客观世界所具备的条件或水平的测度，它体现了完成一项目标或者任务所需要的"综合素质"。同时这种素质与实践相联系，离开了实践既不能表现人的能力，也不能发展人的能力。

英文中体现能力的词语主要有"Capacity""Ability"和"Capability"。其中，"Capacity"的核心意思包括三层：第一层表示人或物的某种特性，有潜能、性能、容量、生产能力之意；第二层是一个人的身体和心理能力，如技能、才能和天资等；第三层是法律层面的含义。而"Ability"的核心意思是指人或物的特性和状态，以及经由训练和学习所获得的才能。[②]

阿玛蒂亚·森（Amartya Sen）提出"能力理论"，认为能力（Capability）即"可行能力"，几乎兼容了"Capacity"和"Ability"的含义，是

---

① 陈志立.《辞海》第七版缩印本［M］. 上海：上海辞书出版社，2022.
② 董骏. 阿玛蒂亚·森能力人权观研究［M］. 北京：法律出版社，2019：67-69.

"个体选择的一种有理由珍视的生活的实质机会"。① "可行能力"将"做某事的能力或素质""做某事的潜力或可能性"和"完成或实现某种结果的能力"三个方面统一在一个完整的框架下，是对一个人"可以做什么（Doing），又能够成为什么（Being）"的回答，其涉及的焦点是人们进行选择和行动的机会，并不在于一个人事实上最后做了什么，而在于他实际上能够做什么，无论他是否会选择使用该机会。② 阿玛蒂亚·森认为能力的要义是"一种积极选择和行动的实质自由"，当个体被赋予了更多的选择自由时，个体就获得了更多的可行能力。

玛莎·纳斯鲍姆对能力理论进行了进一步解读，认为一个人的内部能力和现有的外部条件构成了一个人的综合能力，而社会的目标应该是通过构建环境，包括政策、法律、法规等，最终使个人能够以可选择的方式来发展其通向幸福的全方位能力。能力不仅是栖息于人体内的能力（Ability），还是由个人能力和政治、社会和经济环境在结合后所创造的自由或机会。③ 对不同的个体而言，可行能力通常会以不同的方式转化为其与实践结合的行动。虽然影响可行能力的因素多样，但至少都会涉及个体的异质性、环境的多样性、社会氛围和社会资本的差异等。

可行能力并非以达成某个结果为目标，而是着眼于个体是否获得了自由和机会，所以它更能反映人们各自所具有的优势，并能够鲜明地反映出人们的劣势，便于我们进行评价。④ 与人力资本理论不同，能力理论并不是纯粹的个人主义，因为它同时考虑了一个人的外部环境和一系列机会。基于阿玛蒂亚·森和纳斯鲍姆关于能力的定义，可以认为，个体天赋生而不同形成了先天禀赋差异，而个体后天所处的政治、社会和经济环境不同，可供其选择的机会迥异，从而导致个体通往幸福的能力不同。例如，当我们看到农村居民与城镇居民相比较所表现出来的实际差异时，绝不应该忽略他们之间能力不平等的客观事实，更不应该忽略这种不平等是由其内部能力和外部环境共同作用所导致的通往幸福的能力差异。因此，个体"可行能力"的培养和提高，绝不应该仅仅局限于其内部可行能力的提高，应该同样重视外部环境，即为其提供可供选择的机会。

---

① 董骏. 阿玛蒂亚·森能力人权观研究 [M]. 北京：法律出版社，2019：81.
② 董骏. 阿玛蒂亚·森能力人权观研究 [M]. 北京：法律出版社，2019：78.
③ 玛莎·C. 纳斯鲍姆. 寻求有尊严的生活 [M]. 北京：中国人民大学出版社，2016：15.
④ 阿玛蒂亚·森. 正义的理念 [M]. 北京：中国人民大学出版社，2013.

4.1.2　农民金融能力的概念界定

以阿玛蒂亚·森的可行能力理论为基础，参考 Sherraden（2013）的金融能力概念模型，借鉴国内外学者的丰富研究成果，本书认为农民金融能力既包括内部能力，如个人的金融知识、技能和态度，也包括外部金融机会，如金融机构所能提供的金融产品和金融服务。农民金融能力是其内在能力和外部金融环境的集合，其中内部能力通过与外部金融环境（金融机会）相结合以影响个体或家庭的福利水平。

我国的乡村是具有生产、生活、生态、文化等多重功能的地域综合体，小农经济体和个体工商户是其中最主要的两种经济形态。小农经济体是那些利用自身劳动力、生产资料和家庭资本从事生产活动的家庭，有时它们之间也可以互换劳动力、互相租借或互换生产资料以安排生产。个体工商户则往往身兼数职，既是生产活动的资金提供者和最终受益者，也是经营者和决策者，又是投资风险和经营风险的承担者，同时还是生产活动最主要的劳动者。乡村的大多数经济活动与家庭密切相连。作为生产经营活动的基本社会单元，这些农村家庭在追求物质生活不断丰富的过程中，也承载了教育、关怀、养老和文化传承等超越经济的文化价值，从而维系了其千年不衰的生命力。[1]

我国户籍人口意义上的农民仍有 7.71 亿人之多，在总人口中的比重为 54.60%。[2] 虽然该群体人口数量大，但是农村家庭在生产经营活动和生活中呈现出极为典型和鲜明的"微弱"特征。[3] 农业生产的弱质性导致大多农业经营人口收入偏低而且稳定性差；即使有非农就业机会，也常常因为就业人员受教育程度较低而导致无法从事高专业技能工作，或是因工作性质不稳定、劳动时间不固定、社会保障不充分而财务状况不佳，致使金融机构为农民群体提供的金融服务大多停留在基础的储蓄和转账业务阶段。当农村家庭需要资金支持的时候，常常因缺乏固定资产或大多固定资产难以

---

① 贝多广. 微弱经济与普惠金融［M］. 北京：中国金融出版社，2020.

② 朱光磊发表在《北京师范大学学报（社会科学版）》2021 年第 6 期的"中国农民规模问题的不同判断、认知误区与治理优化"一文提出"农村户籍人口是指具有农村户籍的人口，是中国特色的户籍制度下的特有产物。在取消农业户口与非农业户口性质区分和由此衍生的蓝印户口等户口类型，统一登记为居民户口的前与后，农村户籍人口分别对应着农业户口人口与农村居民户口人口"。

③ 《中国普惠金融发展报告（2020）》认为微弱经济体是指规模较小、处于市场弱势地位、容易受到排斥的经济主体。

用于抵押借贷而遭受金融机构的排斥，导致其无法通过正规金融渠道筹措到所需资金。于是，当农民面临农业扩大再生产或者创业的资金约束时，不得不依赖自我积累或者民间借贷。另外，多数农村家庭的日常收支管理、债务管理、风险管理和未来规划有所欠缺，一旦面临突发意外或重大事件，往往不得不依赖亲戚朋友筹措应急资金。因此，可以看出，农民的内部能力和外部金融环境都处于较低水平。

同时，农民的金融能力呈现动态变化特征。首先，不同于基础教育提供的知识，金融知识是一种特殊的专业知识，可以通过金融教育得以提升；其次，在数字经济背景下，农民学习金融知识渠道多、成本低、便捷高效，金融技能有机会得以提高；最后，在日常财务管理实践中，农民有较多机会获取货币、信用、财务管理等相关知识，并发展其财务技能。参与日常金融业务也是提升个体金融能力的途径之一，甚至可以说是一个核心途径。

但是，在数字经济时代农民的金融能力也可能面临极大挑战，因为农村数字金融机会究竟带来的是"数字红利"还是"数字鸿沟"，无法一概而论。金融科技的兴起使得金融服务具有更强的地理穿透性。农村数字普惠金融通过空间布局的广覆盖性和产品服务的多层次匹配性有效延伸了金融服务半径，农民的金融能力有可能因外部金融机会的极大改善而得以提升。但农村地区数字基础设施和个体数字能力不足也可能导致农民无法充分享受到数字技术的使用，甚至丧失或者大幅降低已有的金融能力水平。数字技术接入机会的差异和互联网使用的差异产生了数字不平等。当农民面临数字鸿沟困境时，其内在能力通过与外部金融环境相结合以改善金融福利的效果就会大打折扣。

因此，本书认为农民金融能力是指能够改善农民金融福利水平的内在能力和外部金融环境的集合。农民金融能力的影响因素既包括个体的先天因素，如先天智力水平、健康水平等，也包括个体成长的后天因素，如受教育水平、成长经历等；既包含个体的内在因素（即个人特质），如风险偏好、性格特征等，也包含个体所处的外部环境因素，如生活条件、金融机构覆盖程度等。农民金融能力既有其在某个时点相对静止的一面，也有其随着时间（如年龄）和空间（如外出务工）而动态变化的一面，从而导致其测度更为复杂（见图4-1）。

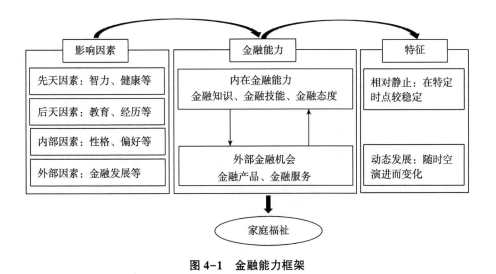

图 4-1　金融能力框架

4.2　指标体系构建原则

　　每个人从出生起，就生活在与其他人不完全相同的环境中，身体的健康程度和智力水平等也不尽相同。不同的人，甚至同一个人在其生活的不同阶段也有不同的金融实践和金融能力。即使为不同的个体提供同等的资源与条件，也不能带来真正的平等，因为个体利用资源与条件的能力不同。因此使用同一套标准和体系测度不同群体金融能力的做法是不严谨的。类似于给小学生和大学生做同一套试题，答题情况必然是小学生更差（极端情况除外）。这是因为大学生和小学生先前接受的教育水平存在很大差别，大学生的知识储备和学习经验远比小学生更为丰富，纵然试题内容是可靠的，但试题的测试结果显然是荒谬且没有实际意义的。因此针对不同的群体，金融能力的测度重点应该有所不同。对此，已有学者尝试将发达国家和发展中国家区别开来，主张中低收入国家居民的金融能力应单独定义与测度。因此，在构建我国农民的金融能力测度体系时，本书充分考虑到农民群体的特殊性，即受教育水平较低、收入水平普遍较低、金融市场参与程度较低以及对社会网络依赖程度较高等，有针对性地进行设计，避免照抄照搬已有的测度框架。本书认为，重构金融能力指标体系应该遵循多维度测度、客观测度和前瞻性设计原则。

4.2.1 多维度测度

金融素养是金融能力的基础，但它并不能全面反映金融能力。换言之，金融能力的内涵更为丰富，特别是在针对农民这一群体进行研究时尤为如此。虽然农民的受教育水平普遍较低，但在日常生活中他们经常做出财务决策，如安排收支、规划家里的现金以应对常规和意外开支、规划人情往来所需资金等，这些都有助于农民积累一定的财务管理能力。因此，考察金融能力时，农民"管钱"和"用钱"的能力不可忽视。另外，农民的意识和态度在很大程度上反映了其思维方式和行为方式，决定着其未来金融能力发展的方向。这些意识包括受访者是否关注经济金融信息、是否愿意了解新事物、是否在关注当下的同时还有意识关注未来（如长期规划）。因此，对农民金融能力的科学测量应该通过多维度指标设计加以实现。

4.2.2 客观测度

已有文献表明，金融素养、金融能力和金融健康的测度方式并未统一，既有仅从客观角度予以测量的方式，也有兼顾主观和客观评价的方式。其中，主观金融素养指标是通过受访者自我评估对相关金融问题或金融常识的了解程度，或者主观评价自己的金融素养水平，以此反映受访者的金融素养水平，例如 Lusardi 等（2007）要求受访者评价其对金融知识的理解程度以构建主观金融素养指标；廖理等（2019）让受访者比较自己与同龄人的平均金融知识水平。这种测度方法易受到受访者自我认知能力、情绪和性格等因素的影响，具有较强的主观性。客观测度则是通过受访者对问题的客观回答情况做出评价。由于农民群体认知能力有限，个体性格差异较大，以及访谈时可能受情绪波动等因素的干扰，其自评金融能力水平与实际水平可能出现较大偏差，因此本书认为客观测度方式更适用于农民金融能力的衡量。

4.2.3 前瞻性设计

考虑到农民金融能力的变化呈现动态性，因此在指标体系构建时要有一定的预见性和前瞻性。

首先，要充分重视数字普惠金融的影响。普惠金融致力于以可负担的成本为有金融服务需求的社会各阶层和群体提供适当的、有效的金融服务，[①] 特别是更加关注受到传统金融排斥的弱势群体。数字普惠金融运用互联网及信息技术手段，为缺乏金融服务的群体提供一系列正规金融服务，已经逐步渗透并深刻影响了农民的生产和生活。中国的数字普惠金融发展在全球居于领先地位。在广大农村地区，以支付宝和微信扫码支付为代表的数字支付方式开始普及，逐渐取代了传统的纸币交易，部分农民甚至已实现了完全无纸币交易。2020 年农村地区电子支付的普及率不断上升且城乡差距持续缩小，农村地区使用电子支付的成年人比例为 82.72%，比上年同期高 6.51 个百分点。[②] 2021 年中央一号文件明确提出"发展农村数字普惠金融"，将数字普惠金融作为中国的重要发展战略之一。数字普惠金融已经成为既影响内在能力，又影响外部金融环境的重要因素。

其次，前瞻性还体现在不仅要关注当下，更要关注农民对未来的信心和规划，因为这决定着个人或家庭金融能力发展的方向。例如，对待新型金融产品和服务等新生事物是否持乐观态度，是否愿意通过持续学习以应对各种突发变化，是否对未来的财务状态持有信心等。这些反映了农民金融能力变化的可能性，将会深刻影响农民的生产和生活。

4.3 重构农民金融能力：四维度指标体系

本书结合我国农民经济生活特点，遵循多维度测度、客观测度和前瞻性设计原则，构建出适合我国国情的农民金融能力四维度指标体系。

4.3.1 维度一：金融知识

知识改变命运。无论发达国家还是发展中国家，穷人还是富人，知识都是积累家庭财富、改善家庭经济状况的重要基石。在金融领域，金融知识水平的高低关系着家庭能否有效利用金融工具并享受金融服务。金融知识曾被认为是教育水平的代理变量，与受教育水平高度相关。但研究已经证实，金融知识是一种专业的知识，能够充分解释个体金融决策水平的差异。因此，作为金融能力测度体系的基石，金融知识的重要性不言而喻。

---

① 国务院关于印发《推进普惠金融发展规划（2016—2020 年）》的通知 . 中国政府网，http://www.gov.cn/zhengce/content/2016-01/15/content_10602.htm.

② 数据来源：中国人民银行金融消费权益保护局发布的《中国普惠金融指标分析报告（2020年）》。

根据阿玛蒂亚·森的可行能力理论，应把金融知识视为生存的基本权利，那么就应该向每个人提供金融知识，而不应该只给予那些需要金融知识的个体。Lusardi 和 Mitchell（2005）提出的金融知识测度方法包括利率计算、通胀理解和风险识别，这一方法已得到普遍认可。部分学者进一步丰富了金融知识的测度元素，将信用认知纳入考量。国内外关于金融知识的测度研究中，基础金融知识普遍涵盖以下四个方面：利率、通胀、风险以及信用。

基础金融知识对低收入家庭来说至关重要，因此，本书用利率认知、通胀认知、风险认知和信用认知测度农民的基础金融知识水平。利率认知考察受访者对单利、复利的理解，以及进行利率计算的能力。例如，Lusardi 和 Mitchell（2006）要求受访者计算 2%利率水平下 100 美元两年后的本息和。通胀认知考察受访者对物价和货币购买力的理解。例如，Atkinson 等（2006）询问受访者在通胀率为 5%，存款利率为 3%的条件下，一年以后存款的购买力是否发生变化。风险认知考察受访者对金融产品风险及风险分散化的理解。例如，李明贤（2017）通过让受访者在"种植一种农作物"和"种植多种农作物"之间进行选择以评价农民的风险认知。信用认知考察受访者对信用的理解。例如，苏岚岚等（2017）构建的金融知识指标包含五个关于通胀、利率、风险和信用的问题，其中信用问题询问受访者在 A 银行的不良信用是否会影响其在 B 银行获得贷款的可能性。

4.3.2 维度二：财务管理

财务管理是金融能力的核心。当家庭处于经济低迷时期或面临额外的财务压力时，财务管理技能尤为重要。对于低收入群体来说，即使没有足够的金融知识，因生活中需要经常做出财务决策，仍然可能有经济能力。考察农村家庭的财务管理水平就是考察家庭"管钱"和"用钱"的能力，因此本书将财务管理维度纳入对农民金融能力的考量，具体包括日常收支、储蓄习惯、冲击应对、负债管理、理财行为和财务规划六个指标。

日常收支。收入是维持一个家庭正常运转的基础，家庭对各项支出的安排应该基于家庭收入水平。FSA（2006）在对英国居民的金融能力开展基线调查时，从利用财务资源实现收支平衡和记录收支两方面考察个体的资金管理能力，发现收支平衡对于高收入者而言并不是一件困难的事情；对于低收入群体而言，量入为出并努力实现收支平衡更加艰难，但意义重大。无论个体多么擅长提前规划或选择金融产品，若无法平衡收支，都不能被认为拥有财务管理能力。如果收不抵支，家庭不仅会背负债务，还可能陷入财务困境。

储蓄习惯。研究表明，有储蓄习惯的人达到良好财务状态的可能性是没有储蓄习惯的人的四倍。[①] 对农民而言，储蓄更是扮演了重要角色。首先，储蓄可以用于支付教育和医疗费用，还可以在干旱、洪水和事故等紧急情况下作为缓冲。我国多数农民面临着较为严重的金融排斥，往往缺乏外部融资支持以应对风险冲击，因此更需要提前储蓄。其次，储蓄是形成和积累可投资资本的必要手段，使家庭有机会摆脱贫困。乔治·吉拉德在其《财富与贫困》一书中指出"储蓄甚至表明了个人对于致富有自己的想法。一开始非常贫穷的家庭可以储蓄一些资金，做一些有利可图的生意"。[②] 最后，储蓄习惯客观反映了个体的自我管理能力。Meza 等（2008）认为较差的金融行为更多地与心理因素有关，而不是与缺乏知识有关。人们借贷更多、储蓄更少，可能是由自我控制不足、拖延和即时满足等心理因素所致。诺贝尔经济学奖得主阿比吉特·班纳吉在其《贫穷的本质》一书中也指出，"存钱的障碍并非完全来自外部压力，也部分来自人类的心理因素"。[③] 相较于富人来说，穷人的物质欲望常常受到抑制并处于非饱和状态，他们更容易受到诱惑从而导致自我行动力不足。因此，对于农民而言，既要以较少的收入应付即时开支，同时还要克服"时间矛盾"[④] 以及各种自我控制问题，因此储蓄习惯是农民财务管理的重要方面。

冲击应对。家庭常常面临生老病死等不确定性事件的冲击。具备金融能力的个体应当为定期或不定期的支出制订计划，以便在意外发生时有足够的储备进行支付。农民收入水平低，收入来源较为单一，缺乏正规融资渠道应对冲击，更容易陷入财务危机。作为衡量家庭未来陷入财务困境可能性的指标，家庭金融脆弱性是指家庭因无法及时或完全履行其债务而陷入财务困境的可能。与过度负债和消费欠款等静态指标不同，它不仅能全面衡量家庭当前的财务状况，还能反映家庭未来的财务健康状况，具有前瞻性和预测性。衡量家庭金融脆弱性有客观指标和主观指标两大类，其中

---

① CFSI, Understanding and Improving Consumer Financial Health in America, 2015.

② 乔治·吉拉德. 财富与贫困［M］. 北京：中信出版社，2019：97.

③ 阿比吉特·班纳吉，埃斯特·迪弗洛. 贫穷的本质［M］. 北京：中信出版社，2018.

④ "时间矛盾"是指人们更关心现时的事情，却少有关心未来的事情，习惯于将"不愉悦"的行为推迟到未来。阿比吉特·班纳吉在《贫穷的本质》一书中指出"时间矛盾"的两种表现形式：一是人们在花钱的同时寄希望于未来的自己能够存下钱；二是人们进行不合理消费（比如购买酒、糖或脂肪类食品）的同时寄希望于未来的自己能够把钱花在更合理的地方，比如学费、修缮住所等。

客观指标包含债务偿付能力和流动性管理，如根据家庭是否过度负债、是否持有应急储蓄来衡量家庭金融脆弱性。主观指标则根据受访者对按时偿还债务、实现收支平衡、应付意外开支的困难程度的主观评价进行构建。因此，农民是否能够应对不确定性冲击，缓解家庭金融脆弱性，避免家庭陷入财务困境也是重要的财务管理能力。

负债管理。家庭可以通过合理负债平滑消费，提高家庭的跨期总消费效用，从而提高家庭福利，也可以利用负债的杠杆作用加快家庭财富积累。但家庭债务的过度膨胀容易导致过度负债。过度负债是指借款人无法按期偿付债务，甚至根本无力偿付债务。根据中国人民银行公布的数据，我国居民部门债务占 GDP 的比重从 1993 年的 8.31% 急剧上升至 2020 年的62.2%。不断增长的债务负担加剧了家庭陷入财务困境的风险。过重的家庭债务负担会对消费产生挤出效应，降低家庭生活水平，还会使家庭成员出现身心健康问题。Debelle（2004）指出，债务负担过重的家庭更易受到负面冲击的不利影响，对社会经济和家庭收入的冲击更加敏感，家庭支出波动性更大。家庭无力管理资金以及无法做出合理的支出与负债决策是导致家庭债务负担过重的重要原因。事实上，家庭负债决策是一项复杂的系统工程，做出合理的负债决策需要综合考虑负债收益、负债成本、负债期限及偿债能力等问题，这就要求家庭成员具备一定的财务管理能力。金融能力要求个体在进行借贷决策时对信贷成本和期限加以考虑。具有较高金融能力的人通常会谨慎地使用信贷，即使在必须借贷的情况下，他们也会确保自己有能力偿还所欠债务。对于农民而言，尽管他们可能需要通过借贷以支付某些大额花销、应急开支以及应对突发事件，但将负债水平控制在可负担范围内关系到家庭的财务安全及家庭的福利水平。

理财行为。与发达国家相比，我国家庭的风险性金融资产持有比例偏低，大部分农村家庭偏好将富余资金存入有国家信用背书的银行。一方面是因为农村家庭普遍缺乏投资意识，对金融市场了解不够；另一方面则是因为其面临较为严重的金融排斥。数字金融的快速发展丰富了可触及的金融产品，农民在手机上就能获得丰富的经济金融信息，购买金融产品，享受金融服务。饶育蕾等（2021）发现移动支付的使用能够通过增加个体的金融服务可得性来提升其家庭风险资产的配置意愿和持有规模，且该效应在农村地区和低收入群体中更加明显。农村家庭理财行为反映了其"管钱"的能力，特别是参与金融市场的能力。

财务规划。研究表明，提前计划大额不定期支出的消费者，达到良好财务状态的可能性是无提前计划者的十倍。Lusardi 和 Mitchell（2007）认为规划长期财务目标是一种理想的财务行为，是消费者金融能力的体现。计划倾向是消费者为长期目标制订计划的倾向，会导致理性的目标设定行为，与一系列理想的财务和健康行为呈正相关，是消费者金融能力的重要维度。财务规划的作用包括两个方面：一是为可预见的支出做准备，例如买车、婚礼和退休；二是为不可预见的意外情况做准备，例如失业、疾病等。诺贝尔经济学奖得主、"现代经济学之父"加里·贝克在 1997 年的一家报纸上称"拥有财富可以激励人们投入时间，变得更有耐心"。其言外之意就是，贫穷会永久性地腐蚀人的耐心。较少的家庭财富使农民更容易没有耐心和动力进行长期规划，难以提高金融福利水平。因此本书将农民的财务规划纳入财务管理维度。

4.3.3 维度三：金融态度

个人的信心和态度等（心理属性）对其采取决策具有关键影响。管理好家庭财务，仅有知识和技能还不够。态度在很大程度上反映了个人的思维方式和行为方式，决定着个人或家庭未来金融能力发展的方向。本书将农民的金融态度细分为信息关注态度、学习态度、养老态度和数字金融态度四个方面。

信息关注态度。金融业普遍存在的信息不对称问题使金融消费者在做出投资决策时处于相对劣势地位。随着数字金融的发展，信息获取成本得以大幅降低，信息获取效率得以大幅提高，信息不对称问题在一定程度上得到缓解，但金融消费者缺乏关注经济金融信息的意识仍然是制约其金融能力提升的重要因素。FSA（2006）在英国国民金融能力基线调查中强调了保持消息灵通的重要性，包括了解经济形势的变化、追踪金融产品动态，并知道从哪里获得帮助和建议。积极的信息关注态度有利于农民获得更多经济金融信息并合理决策。

学习态度。中国古代哲学家荀子曰，"学不可以已"。在社群生活中，宏观环境、社交群体以及个人处境的变化要求个体持续学习以维持生存和发展。[①]农民的学习意愿、学习渠道和学习实践能够提升其整体生活质量。如今，金融产品创新层出不穷，通过持续学习提高金融能力以做出最优财

---

① 陈国权. 复杂变化环境下人的学习能力：概念、模型、测量及影响 [J]. 中国管理科学，2008（1）：147-157.

务决策，是一项高难度的挑战。有意愿主动学习的个体能从报纸、社区公告栏和手机中获取经济金融知识，也可以在银行网点办理业务的过程中熟悉存取款、汇兑以及购买理财产品等相关知识。

养老态度。养老规划是人们的关键生活事件之一。家庭财务管理不善的表现之一为家庭因目光短浅而导致退休准备不足。人们面临的健康风险和意外风险都随着步入老龄化而急剧上升，养老风险不容忽视。一方面，我国老龄化形势越发严峻。[①] 根据第七次全国人口普查数据，截至 2020 年末，我国 65 岁及以上人口占比 13.5%，与 2010 年第六次全国人口普查相比，上升 4.63 个百分点。[②] 另一方面，人口老龄化城乡倒置现象的出现使我国农民面临更为严重的养老问题。因此，农民是否有意识为养老做出长期规划，关系到其老年时期的福利水平，也是金融态度的重要方面。

数字金融态度。互联网的普及使人类社会的生产生活发生了翻天覆地的变化。已有研究表明，数字金融在减缓贫困，促进消费和创业，改善农民金融行为等方面发挥了积极作用。面对数字金融产品和服务等新生事物，农民是否持乐观态度，是否愿意积极接纳并使用，深刻影响了农民的生产生活。如若农民持消极排斥态度，便会损失改善自身福利水平的机会，甚至产生相对剥夺感。吴本建等（2017）实证研究发现，农民的"自我排斥"会弱化数字金融的普惠效应。[③] 因此，本书认为有必要考察农民对数字金融产品和服务的态度。

4.3.4 维度四：金融机会

金融机会即外部金融环境，是个体和家庭应用其金融知识和技能的基本条件。Johnson 和 Sherraden（2007）特别关注了金融机会的重要意义，并首次将外部金融环境纳入金融能力测度框架之内。Huang 等（2013）也指出，"金融能力"概念包含三个关键要素：（1）行动的内部能力；（2）行动的外部机会；（3）两者之间的相互作用。本书通过有无银行账户、银行网点距离以及触网机会三个指标来衡量农民的金融机会。

---

① 根据国际通行标准，当一国或地区 65 岁及以上人口占比超过 7% 时，意味着进入老龄化社会。

② 数据来源：第七次全国人口普查公告（第五号），http://www.stats.gov.cn/tjsj/tjgb/rkpcgb/qgrkpcgb/202106/t20210628_1818824.html.

③ 吴本健，毛宁，郭利华."双重排斥"下互联网金融在农村地区的普惠效应 [J]. 华南师范大学学报（社会科学版），2017（1）：94-100+190.

银行账户。银行账户是拥有储蓄的前提条件，是普惠金融的基石。对美国的一系列研究发现，没有银行账户可能带来诸多不利后果，包括因为流动性管理和支付困难所带来的高昂的货币订单和支票兑现费用；因缺乏账户导致丧失了促进资产积累和财富创造的机会，从而不利于财富积累以应对退休或面临冲击时平滑消费。随着我国金融改革的不断深入，金融市场经历了长足的发展，直接融资规模大幅增长。但是我国仍以间接融资为主，金融体系的主体部分是银行体系。[1] 2016 年国务院印发的《推进普惠金融发展规划（2016—2020 年）》明确指出，"到 2020 年，建立与全面建成小康社会相适应的普惠金融服务和保障体系，有效提高金融服务可得性，特别是要让小微企业、农民、城镇低收入人群、贫困人群和残疾人、老年人等及时获取价格合理、便捷安全的金融服务，使我国普惠金融发展水平居于国际中上游水平"。[2] 在推进普惠金融发展的进程中，银行体系是当之无愧的主力军。[3] 因此，对金融机会的衡量首先应关注农民是否有接触银行产品和服务的机会，这与他们是否拥有银行账户直接相关。若没有银行账户，农民就无法享受到银行提供的基本金融产品和服务。

银行网点距离。银行网点距离可以体现获取传统金融产品和服务的便利程度。发达国家的研究也表明，如果分支机构离社区更近，则更有利于金融机构开展业务，因为距离较近不仅加强了服务提供者与用户之间的联系，而且降低了服务提供者收集服务用户特别是借款者信息的额外成本。针对欠发达国家的大量研究表明，金融消费者是否前往金融机构，既涉及个体的资格，也涉及个体与金融服务提供者的物理距离，与金融提供者之间的距离是农村居民使用金融服务的主要障碍。Hirschland 等（2005）甚至认为对于穷人和大多数人来说，便利至关重要。许多客户只有在存款速度快的情况下才会存款。对于频繁的小额存款，一项需要一小时步行的服务……可能没有什么价值。如果需要翻山越岭才能抵达最近的金融机构，农民所能获取的金融机会将会大打折扣。庄希勤等（2021）的研究表明，银行地理距离与农村家庭的金融可得性呈显著正相关关系，距离越近，农村家庭的金融

---

① 蔡卫星. 银行业市场结构对企业生产率的影响——来自工业企业的经验证据 [J]. 金融研究, 2019（4）：39-55.

② 国务院关于印发《推进普惠金融发展规划（2016—2020 年）》的通知. 中国政府网, http://www.gov.cn/zhengce/content/2016-01/15/content_10602.htm.

③ 庄希勤, 蔡卫星. 当乡村振兴遇上"离乡进城"的银行：银行地理距离重要吗？[J]. 中国农村观察, 2021（1）：122-143.

可得性就越高。

触网机会。触网机会是指农民通过互联网获取信息、进行支付、办理业务、交易产品的机会。若缺少网络基础设施的支持，数字金融将难以惠及广大农村地区。因此，农村地区的网络基础设施建设是改善农村地区金融环境的关键。随着数字乡村战略的推进，我国农村地区网络基础设施建设已取得了显著成效。截至2021年6月，我国农村网民规模为2.97亿，农村地区互联网普及率为59.2%，较2020年12月提升3.3个百分点，城乡互联网普及率进一步缩小至19.1个百分点；农村地区通信基础设施逐步完善，推动农村互联网使用成本逐步下降；行政村通光纤和4G的比例均超过了99%，农村和城市"同网同速"，2021年底有望实现未通宽带行政村动态清零。① 随着数字化应用日趋完善，广袤的下沉市场逐步享受到数字化带来的便利和实惠。农村地区网络基础设施打通了农民接触金融产品和服务的"信息大动脉"，以往人们主要通过金融机构的物理网点来办理业务，如今则是一部智能手机走天下。只要农民能够使用互联网，便有机会接收海量的金融讯息，并接触更多的金融产品和金融服务。因此，本书将触网机会作为衡量农民外部金融环境的指标之一。

综上所述，本书构建的农民金融能力测度框架如表4-1所示。

表4-1　西部地区农民的金融能力测度框架

一级指标	二级指标	指标含义
金融知识	风险认知	是否了解基本金融产品的风险
	信用认知	是否了解信用的重要性
	利率认知	是否了解利息的简单计算方法
	通胀认知	是否了解通货膨胀
财务管理	日常收支	过去一年收支是否平衡
	储蓄习惯	是否拥有储蓄
	冲击应对	是否留有充足的流动资产以应付不确定性冲击
	负债管理	是否过度负债
	理财行为	是否有理财及投资行为
	财务规划	是否做财务规划

---

① 资料来源：中国互联网络信息中心.《第48次中国互联网络发展状况统计报告》，2021年8月。

一级指标	二级指标	指标含义
金融态度	信息关注态度	是否关注经济金融信息
	学习态度	是否愿意学习相关知识
	养老态度	是否对未来养老方式有所考虑
	数字金融态度	是否使用互联网
金融机会	有无银行账户	是否有接触传统金融产品和服务的机会
	银行网点距离	接触传统金融产品和服务的便利程度
	触网机会	是否有接触数字金融的机会

从金融知识、财务管理、金融态度和金融机会四个维度构建的农民金融能力框架，兼顾了农民的知识水平与实践技能，兼顾了农民财务决策的当前水平和未来发展，还兼顾了农民的内在能力和外部金融机会，因此其设计更为科学合理。

4.4　小结

农民金融能力的内涵界定和测度框架设计是本章的重点内容。为定义金融能力，需掌握何为"能力"和"可行能力"。"能力"是完成一项目标或者任务所需要的"综合素质"；"可行能力"是个体选择一种有理由珍视的生活的实质机会。根据能力理论，不同个体之间存在着先天禀赋差异和选择机会差异，导致不同个体的金融能力有所不同，因此有必要对农民金融能力的内涵做出界定。本书将农民金融能力定义为能够改善金融福利水平的农民内在能力和外部金融环境的集合。其中，外部金融环境是指农民可以获得的金融产品和服务，即金融机会；内在能力则指农民利用金融机会改善其福利水平的能力。影响农民金融能力的因素既包括先天因素，也包括后天因素；既有内在因素，也有外在因素。农民金融能力既有相对静止的一面，也有动态发展的一面，从而导致其测度更为复杂。

为设计出适用于西部地区农民的金融能力测度框架，本章归纳出三个指标构建原则：（1）多维度测度；（2）客观测度；（3）前瞻性设计。以阿玛蒂亚·森的"可行能力"理论为基础，参考了 Sherraden（2013）金融能力概念模型，借鉴国内外学者的丰富研究成果，结合我国农民经济生活特点，遵循上述原则，本书构建出包含金融知识、财务管理、金融态度和金融机会四个维度共 17 个指标的农民金融能力测度体系。四个维度各有其重要性：（1）金融知识水平的高低关系着家庭能否有效利用金融工具和享受金融服务并有效配置资源最终实现效用最大化；（2）即便是低收入家庭，在生活中也需要经常做出财务决策，因此财务管理能力对农村家庭而言至关重要；（3）行为的改变需要建立在意识、心智成长的基础上，故个体的金融态度对其金融决策具有关键影响；（4）金融机会与内在能力同等重要，如果外部金融机会被剥夺，个体的内在能力就无法充分发挥作用。

| 第 5 章 |

西部地区农村家庭经济金融分析

中国疆域辽阔，地区之间自然条件和社会条件差异较大。根据各区域开放政策和经济发展水平的不同，中国划分为四大区域：东部地区、西部地区、中部地区、东北地区。其中，西部地区包括重庆市、四川省、陕西省、云南省、贵州省、广西壮族自治区、甘肃省、青海省、宁夏回族自治区、西藏自治区、新疆维吾尔自治区、内蒙古自治区的乌兰察布、呼和浩特、包头、鄂尔多斯、锡林郭勒、阿拉善盟，涉及 12 个省、自治区和直辖市，总面积约占中国国土面积的 70%，人口数约占总人口的 27%。① 西部地区位于第一级阶梯，地势较高，平均海拔在 4500 米以上。地势西高东低，北高南低，最大高差约为 7500 米。宏观地貌呈现出多山地、多高原、平原面积狭小的特征；流水的深切割塑造了独特的峡谷地貌，峡谷纵生。西部是中国少数民族分布最集中的地区，我国已认定的 55 个少数民族中，有将近 50 个世居在西部地区。这一特点决定了西部与众不同的民俗民风，也造就了其多姿多彩的民族文化。在我国西部地区，农村居民的文化集生活方式、观念、习俗、宗教、艺术于一体，具有鲜明的地域性、民族性、多元性。

5.1 地区经济金融概况

5.1.1 农村基础设施

山多、峡谷深、平原少的地形地貌一度导致西部地区交通闭塞，但随着西部大开发战略及精准扶贫工作的展开，西部地区的交通运输状况得到极大改善。党的十八大以来，我国西部地区综合交通网络规模明显提升，

---

① 第七次全国人口普查数据显示，2020 年，西部地区总人口为 38285 万人，占全国总人口的比重为 27.12%，其中，四川省以 8367 万的人口总量位居西部各省份第一，全国第五。

运输服务能力显著提高。截至2020年底，西部地区铁路营业里程达5.9万公里，公路里程达220万公里，高速公路里程达6.4万公里，均超过了我国东部和中部、东北部地区，客运量和货运量也大幅增长。西部地区幅员辽阔，尽管公路和铁路里程数都远超东中部，但其覆盖率却远低于东中部地区。如表5-1所示，西部每万平方公里的铁路里程数为85.95公里，远低于东部的380.29公里和中部的325.05公里；西部每万平方公里的公路里程数为3201.96公里，而中部和东部地区分别为13389.12公里和13014.53公里；西部每万平方公里高速公路里程数为92.53公里，中部和东部分别为366.96公里和500.61公里。从总体上看，中部地区铁路路网密度、公路路网密度及高速公路路网密度都约为西部地区的4倍，东部地区的铁路路网密度和高速公路路网密度甚至达到西部地区的4倍以上。虽然与东北部地区相比差距并非如此悬殊，但仍存在较大差距。由此可见，与东部、中部和东北部相比，我国西部地区的交通基础设施仍存较大完善空间。在运输方面，西部地区的客运量低于东部，但高于中部和东北部地区；西部的货运量是东北部的4.6倍，但低于中部和东部。2020年西部地区共完成全社会货运量121.8亿吨，有效畅通了西部与东中部地区的经济循环（见表5-1）。

截至2020年底，西部地区高速公路覆盖97%的20万以上人口城市和地级行政中心，民航运输机场数量占到全国一半以上。[1] 陕西中欧班列"长安号"2020年开行量、重箱率、货运量等指标稳居全国第一，[2] 兰新高铁建成通车，川藏铁路开工建设，长江干线航道整治及西江航运干线升级改造加快推进，成都天府国际机场等一批综合客货运枢纽相继建成，陆桥运输大通道、西部陆海新通道等横贯东西、纵贯南北的运输通道初具架构，西部地区综合立体交通网络初步形成。[3] 人民群众交通出行更加便利，大部分20万人口以上城市可在1小时内享受到公路、铁路、民航多种运输服务，网约车、定制班车、"慢火车"、民航短途航线、多式联运、冷链物流、江海直达运输等加快发展。[4]

---

① 李小鹏：加快西部地区交通运输高质量发展把美丽中国的交通勾画得更美. 中国政府网，http：//www. gov. cn/xinwen/2021－12/25/content_5664492. htm.

② 2020年中欧班列长安号开行列数创历史新高　全年中欧班列质量评价指标居全国第一. 西部网（陕西新闻网），http：//news. cnwest. com/sxxw/a/2021/01/19/19445042. html.

③ 李小鹏：加快西部地区交通运输高质量发展把美丽中国的交通勾画得更美. 中国政府网，http：//www. gov. cn/xinwen/2021－12/25/content_5664492. htm.

④ 李小鹏：加快西部地区交通运输高质量发展把美丽中国的交通勾画得更美. 中国政府网，http：//www. gov. cn/xinwen/2021－12/25/content_5664492. htm.

表 5-1　2020 年东、中、西部地区交通里程及运输量

项目	铁路营业里程 （公里）	铁路路网密度 （公里/万平方公里）	公路里程 （公里）	公路路网密度 （公里/万平方公里）
西部	59113	85.95	2202305	3201.96
中部	33805	325.05	1392468	13389.12
东部	34962	380.29	1196478	13014.53
东北部	18451	230.64	406866	5085.83
项目	高速公路 （公里）	高速公路路网密度 （公里/万平方公里）	客运量 （百万人）	货运量 （百万吨）
西部	63644	92.53	2794.60	12183.37
中部	38164	366.96	2311.33	13031.23
东部	46023	500.61	3530.31	18607.70
东北部	13149	164.36	611.44	2608.51

资料来源：根据《中国统计年鉴（2021）》和《中国民政部 2020 年行政区划统计表》整理而成。

随着"宽带中国"战略的深入实施，农村宽带网络覆盖率逐年提升。根据《中国互联网络发展状况统计报告》，"截至 2021 年 6 月，我国农村网民规模为 2.97 亿，农村地区互联网普及率为 59.2%，较 2020 年 12 月提升 3.3 个百分点，城乡互联网普及率进一步缩小至 19.1 个百分点。农村地区通信基础设施逐步完善，推动农村互联网使用成本逐步下降。行政村通光纤和 4G 的比例均超过了 99%，实现了农村和城市'同网同速'，2021 年底有望实现未通宽带行政村动态清零。随着数字化应用日趋完善，广袤的下沉市场逐步享受到数字化带来的便利和实惠。[①] 截至 2021 年 6 月，农产品网络零售规模达 2088.2 亿元，全国乡镇快递网点覆盖率达到 98%，有效打通了农村消费升级和农产品上行的末梢循环"。[②]

中西部网民数量增长较快，网民规模 2020 年末较 2016 年增长 40%，增速较东部地区高 12.4%。[③] 西部地区农村网络基础设施覆盖面不断扩大，数

---

① 资料来源：《第 48 次中国互联网发展状况统计报告》，中国互联网络信息中心，http://www.cnnic.net.cn/hlwfzyj/hlwxzbg/hlwtjbg/202109/t20210915_71543.htm.

② 资料来源：《第 48 次中国互联网发展状况统计报告》，中国互联网络信息中心，http://www.cnnic.net.cn/hlwfzyj/hlwxzbg/hlwtjbg/202109/t20210915_71543.htm.

③ 资料来源：《第 48 次中国互联网发展状况统计报告》，中国互联网络信息中心，http://www.cnnic.net.cn/hlwfzyj/hlwxzbg/hlwtjbg/202109/t20210915_71543.htm.

字环境持续优化,丰富了信息终端和应用的供给,对于加速社保普及、改善就业服务以及金融服务提供了有力的技术支撑。[①] 但是不可忽略的现实是,由于西部地区多山区、多丘陵的地形地貌特点,农民散居现象比较普遍,同一个行政村的几个村小组相隔几座大山,网络虽然覆盖到村委会,但是未能实现学校、医疗卫生站、田间地头以及村民家中的完全覆盖,从而阻碍了互联网在农村教育、医疗、金融以及农业生产等方面的发展及应用。从未来新型数字农业的发展需求来看,农村地区的基础网络性能还有待进一步提高。

5.1.2 农村经济发展水平

我国西部地区地域辽阔,人口众多,经济发展相对落后。但是近年来,西部地区经济增长潜力不断释放,正在发展成为中国经济的重点区域。根据《中国统计年鉴》,2020 年全年国内生产总值为 1012415 亿元,比上年增长 2.75%。从区域看,全年东部地区生产总值 525752 亿元,比上年增长 2.85%;中部地区生产总值为 222246 亿元,比上年增长 1.6%;东北地区生产总值为 51125 亿元,比上年增长 1.74%;西部地区生产总值达 213292 亿元,比上年增长 3.95%,[②] 超过同期全国平均增速 1.2 个百分点,西部地区经济增速仍旧领跑全国。西部地区生产总值从 2007 年的 47864 亿元增长到 2020 年的 213292 亿元,年均增长率达到 13.26%,超过同期全国年均增长率 1.81 个百分点;2020 年西部地区生产总值对全国经济增长的贡献率约为 21.07%。同时,农村地区生产总值在西部地区生产总值中贡献的比重由上一年的 10.95% 提高到 2020 年的 11.89%,[③] 西部地区农村经济得到较快发展。

此外,西部地区虽然省份众多,面积更是居于四大地区首位,但同时也受限于区位和人口等诸多因素,2020 年西部地区仅有四川省进入全国各省 GDP 前十名,且其 GDP 占全国 GDP 的比重也不超过 5%。与此同时,西部地区的甘肃、宁夏、青海、西藏等省区 GDP 占全国 GDP 的比重均不足 1%。从区域内部来看,四川省生产总值占西部地区生产总值的比重接近 22.79%,可见西部地区各省市经济发展不均衡特征较为明显。[④]

从收入来看,西部地区农村居民收入持续快速增长,与中东部的差距

---

① 郭顺义等. 数字乡村 [M]. 北京:人民邮电出版社,2021:39.

② 中华人民共和国 2020 年国民经济和社会发展统计公报 [J]. 中国统计,2021 (3):8-22.

③ 国家统计局. 中国统计年鉴 [M]. 北京:中国统计出版社,2021.

④ 根据《中国统计年鉴 (2021)》整理而成。

有所缓解，但仍显著低于中东部地区。自 2004 年中央一号文件连续聚焦"三农"以来，我国农村居民收入保持了连续高增长态势。由表 5-2 可知，自 2014 年至 2020 年，西部地区农村居民可支配收入的年均增幅最高，达到 9.6%，高于全国平均水平。同时，东部和西部的地区间相对收入差距不断缩小。但是西部地区农村居民人均可支配收入长期以来均处于全国最低水平，这一问题仍需高度重视。① 此外，城乡居民收入比存在显著的地区差异。从整体来看，我国城乡居民收入比已从 2007 年的 3.14 下降至 2020 年的 2.56。但是各省的情况有所不同。2020 年天津市、黑龙江省和浙江省的城乡居民收入比低于 2，处于全国最低水平；城乡收入比最高的省份集中在甘肃、贵州、宁夏、西藏、陕西、青海和云南等西部主要省份，其城乡收入比均高于全国平均水平 2.56。可见，缩小西部地区城乡收入差距对实现共同富裕具有积极意义。②

表 5-2　全国农村居民按地区分组的人均可支配收入及收入差距③

年份	人均可支配收入（元）				名义增速（%）				相对收入差距		
	东部	中部	西部	东北	东部	中部	西部	东北	东/中	东/西	东/东北
2013	11857	8983	7437	9761	—	—	—	—	1.32	1.59	1.21
2014	13145	10011	8295	10802	10.9	11.4	11.5	10.7	1.31	1.58	1.22
2015	14297	10919	9093	11490	8.8	9.1	9.6	6.4	1.31	1.57	1.24
2016	15498	11794	9918	12275	8.4	8.0	9.1	6.8	1.31	1.56	1.26
2017	16822	12806	10829	13116	8.5	8.6	9.2	6.9	1.31	1.55	1.28
2018	18286	13954	11831	14080	8.7	9.0	9.3	7.4	1.31	1.55	1.30
2019	19989	15290	13035	15357	9.3	9.6	10.2	9.1	1.31	1.53	1.30
2020	21286	16213	14111	16582	6.5	6.0	8.3	8.0	1.31	1.51	1.28
平均	—	—	—	—	8.7	8.8	9.6	7.0			

近年来，西部地区农村居民消费水平快速增长，且消费结构不断改善，但是与东部地区相比仍存在较大差距。从全国来看，农村居民人均消费支出从 2013 年的 7485 元升至 2019 年的 13328 元，增幅达到 78%。同时，消

① 西部地区农村贫困人口占全国总贫困人口的一半以上，其贫困状况呈现出人口多、程度深、贫困面广等特点。随着脱贫攻坚任务的结束，大量西部农村人口脱离贫困，但其自主发展能力较弱，容易因意外事件的冲击而重返贫困。

② 魏厚凯等．中国农村发展报告（2021）［M］．北京：中国社会科学出版社，2021：423.

③ 魏厚凯等．中国农村发展报告（2021）［M］．北京：中国社会科学出版社，2021：407.

费支出中的医疗保健、交通通信、教育文化娱乐等支出均显著增长，说明消费结构正在转型升级。从城乡差距来看，2019 年城乡居民人均消费水平分别为28063 元和13328 元，比值达到2.1；2020 年该比值虽降至1.97，但仍处高位。① 在消费支出结构方面，城乡居民人均食品烟酒消费支出的比值已降至1.76，反映出农村居民食物消费升级速度更快，城乡差距明显缩小。② 从地区来看，自2013 年以来，西部地区农村人均消费支出每年增幅均高于东部地区；2020 年西部地区农村居民人均消费支出为11821.37 元，较上年增长4.5%，增速远高于东部和中部地区，这说明西部地区农民的消费水平与全国平均水平之间的差距不断缩小（见表5-3）。然而，2020 年西部农村居民人均消费支出约为东部农民人均消费支出的2/3，说明西部地区农村居民的消费水平仍有待提高。

表5-3 全国农村居民按地区分组的人均消费支出 单位：元/人

地区	2013 年	2014 年	2015 年	2016 年	2017 年	2018 年	2019 年	2020 年
东部	10218.81	11375.02	12473.76	13566.30	14467.15	15725.99	17157.00	17037.45
中部	7084.37	7917.28	8710.52	9599.87	10296.35	11644.05	12935.62	13423.43
西部	6465.00	7202.57	7906.02	8632.18	9408.69	10285.20	11306.94	11821.37

资料来源：根据《中国农村统计年鉴（2014—2021 年）》整理而成。

5.1.3 普惠金融发展水平

2020 年末，西部地区涉农贷款余额为9.8 万亿元，同比增长9.0%，高于上年同期3.8 个百分点，普惠小微贷款余额同比增长19.1%，高于各项贷款平均增速7.6 个百分点。2020 年末，西部地区银行业金融机构营业网点个数、从业人数、资产总额分别为5.9 万个、89.5 万人和50.1 万亿元。③其中，西部地区新型农村金融机构1946 家，从业人数35424 人，资产总额5286.8 亿元，西部新型农村金融机构数量占全国比例达30.02%；西部地区小型农村金融机构23524 家，从业人数242933 人，资产总额94168.3 亿元，

---

① 受新冠疫情的影响，城镇居民人均消费支出有所下降，而农村居民人均消费支出小幅增长，导致城乡居民人均消费支出比值有所下降。

② 魏厚凯等. 中国农村发展报告（2021）［M］. 北京：中国社会科学出版社，2021：42.

③ 资料来源：《中国区域金融运行报告（2021）》，中国政府网，http：//www.pbc.gov.cn/goutongjiaoliu/113456/113469/4264899/2021060817515716035.pdf.

西部小型农村金融机构数量占全国比例达 31.22%。[1]

　　银行网点数和物理机具的布设等物理可得性是金融服务的基础。截至2019年末，全国银行网点乡镇覆盖率达 96.61%，较 2018 年略有增加。同时，在金融服务覆盖的"最后一公里"的农村地区，特别是偏远山区和贫困地区，数字技术的发展和移动互联网的普及极大地增强了金融可得性。除金融机构网点外，部分地区借助电子机具等终端、移动互联技术以及便民服务点、流动服务站、助农取款服务点等代理模式，有效扩大基础金融服务的覆盖面。[2] 其中，助农取款服务点已基本覆盖全部村级行政区。西部农村支付体系逐步完善，金融服务供给持续增加。截至 2020 年末，西部地区累计设立惠农业务点 115176 个，其中普惠金融服务站 77336 个，持续推进城乡移动支付场景应用，便民支付服务水平得以提升。[3] 人民银行重庆营业管理部全面推出"1+2+N 普惠金融服务到村"行动，即以打造 1 个普惠金融基地为基础，以建设金融综合服务示范站、金融消费权益保护与金融知识宣传站等 2 个站点为载体，以搭载 N 个行动计划为抓手，实现普惠金融"服务到村、帮扶到户、惠及到人"。[4] 人民银行兰州中心支行进一步推动优化助农取款服务点布局，指导金融机构探索引入"背包银行"服务模式，为部分空白行政村提供定点服务。[5] 贵州省则通过深入推进数字乡村工程，推动涉农金融机构打造"支付服务+政务信息+电子商务"的新型农村金融服务站点，支持山地特色高效农业数字化和智慧化发展，发展农业O2O 等新模式，培育大数据智慧农业项目、农业种植大数据共享平台和农产品溯源体系建设项目。

　　随着人工智能、大数据、区块链、5G 等数字技术的快速发展，西部各省围绕涉农信贷、移动银行、风险防控等应用场景，推出了一系列数字金融产品和服务。以贵州省为例，通过深入推进移动支付便民工程，2020 年

---

　　① 资料来源：根据《中国区域金融运行报告（2021）》计算得到，其中西藏自治区、海南省数据缺失。

　　② 2019 年中国普惠金融发展报告. 中国金融新闻网，https://www.financialnews.com.cn/jg/zc/201909/t20190928_168765.html.

　　③ 资料来源：《中国区域金融运行报告（2021）》，中国政府网，http://www.pbc.gov.cn/goutongjiaoliu/113456/113469/4264899/2021060817515716035.pdf.

　　④ 中国人民银行金融消费权益保护局：中国普惠金融指标分析报告（2019 年）. 中国金融新闻网，https://m.10jqka.com.cn/20201016/c624105369.shtml&back_source=wap.

　　⑤ 中国人民银行金融消费权益保护局：中国普惠金融指标分析报告（2019 年）. 中国金融新闻网，https://m.10jqka.com.cn/20201016/c624105369.shtml&back_source=wap.

县域及农村地区移动支付用户数居全国第 1 位。考虑到全省涉农人口多、地域分布广且各地经济发展差异大的特点，四川省设计了"十一种模式"助推移动支付在农村地区的普及应用，如针对农村居住特点设计了"县域商圈"等模式，针对农业生产特点设计出"季节性农产品收购"模式等。① 重庆农商银行和腾讯云联合开发出基于多方学习的涉农信贷服务程序，该程序运用多方安全计算和大数据等技术，弥补了银行涉农数据质量差、来源少等不足，强化隐私安全保护，建立适用于涉农信贷的创新风控和营销体系，强化银行 KYC 体系和风险建模基础，为"三农"客户提供更加便捷的金融服务。②

另外，西部地区农村信用体系建设工作取得重大进展，农村金融信用信息基础数据库覆盖面进一步扩大。四川省农村信用体系建设持续深化，2020 年末，全省累计评定信用农户 922 万户、信用新型农业经营主体 4.1 万个，贷款余额分别达 2122.8 亿元、211.2 亿元；实施农村信用救助，帮助非主观恶意失信 4.8 万农户、2424 户新型农业经营主体信用脱困。③ 云南省大力开展农村信用体系建设，采集 922.9 万户农户信息，占全省农户总数的 95.9%，共评定信用农户 706.1 万户，占建档农户数的 76.5%；创建信用村 5238 个、信用乡镇 508 个。④ 贵州省农村信用体系建设进程如表 5-4 所示。信用建设的不断推进为乡村振兴提供了良好的信用环境。

表 5-4　贵州省农村地区信用体系建设的主要进程⑤

2016 年	各涉农金融机构不断深入推进信用农户、信用村组和信用乡镇建设，组织搭建农村信用服务平台；贵州农村支付综合服务平台成功建立，支付受理终端实现贫困地区全覆盖。
2017 年	"农村信用信息管理平台"在安顺试点；农村支付服务进一步完善，全省助农取款点达到 38267 个。

① 中国人民银行金融消费权益保护局：中国普惠金融指标分析报告（2019 年）. 中国金融新闻网，https：//m. 10jqka. com. cn/20201016/c624105369. shtml&back_source＝wap.

② 重庆发布首批金融科技创新监管试点项目银行参与度 100%. 东方财富网，https：//caifuhao. eastmoney. com/news/20200810111101836810810.

③ 资料来源：《2021 年中国区域金融运行报告》，中国政府网，http：//chengdu. pbc. gov. cn/chengdu/129318/4264526/2021060909472132698. pdf.

④ 资料来源：《2021 年中国区域金融运行报告》，中国政府网，http：//www. pbc. gov. cn/goutongjiaoliu/113456/113469/4264899/2021060817515716035. pdf.

⑤ 资料来源：贵州省金融运行报告（2016—2020 年）。

续表

2018 年	安顺农村信用信息管理系统、兴仁农户信用信息管理系统、赤水农村资源融资信息管理系统、黔南信用引领精准扶贫模式取得初步成效,实现信用与信贷有效联动,有效改善农村主体融资环境。
2019 年	建成具有代表性的安顺市农村信用信息管理系统、兴仁农村信用信息管理平台、遵义农村资源融资信息管理系统等典型模式,实现信用与信贷有效联动,有效改善农村主体融资环境。
2020 年	持续推进信用工程建设,年末全省 782.6 万农户建立信用档案,建档面达 100%,评定信用户 722.2 万户,占建档农户的 92.3%;评定信用乡镇 1038 个、信用村 13030 个,覆盖面分别为 76.8% 和 80.6%。2020 年县域及农村地区移动支付活动用户数居全国第 1 位。全省金融服务点实现行政村全覆盖。

5.2 基于调研数据的农民金融能力分析

问卷调查法是社会科学领域中常见的一种调查方法,主要适用于定量分析,其优点在于可以量化信息、节约时间、降低成本,且通过直接收集匿名受访者的真实想法,能及时获取一手资料,确保信息数据的可靠性。由于本书所需数据无法从国内成熟的数据库获取,因此通过设计问卷并实地调研,获取一手数据进行研究。本书的调研工作进程主要包括:第一步,本书研读国内外大量学术文献,以此为基础设计了符合农村家庭的金融能力四维度指标体系和经济获得感测度体系;第二步,本书参考了国内比较成熟的微观数据库,如中国家庭追踪调查(CFPS)、中国综合社会调查(CGSS)和中国家庭金融调查(CHFS)等,初步设计出调查问卷,再经过多次专家论证修改形成本书的入户调查问卷;① 第三步,本书利用问卷进行预调研,对调研问卷进行修正;第四步,本书选取四川省、重庆市、甘肃省、云南省和贵州省五个省(直辖市)作为样本区域进行入户一对一访谈,样本区域覆盖了 55 个地级市(区)、177 个县以及 608 个村。本书成员在

---

① CFPS 数据由北京大学中国社会科学调查中心执行实施,重点关注中国居民的各类经济活动以及家庭关系、人口迁移和健康等非经济福利,调查对象包含了家庭中的所有成员。CGSS 是中国第一个全国性、综合性、连续性的大型社会调查项目,由中国人民调查与数据中心执行,内容囊括个人特征、人力资本、家庭特征、工作情况等方面的信息。CHFS 数据由西南财经大学中国家庭金融调查和研究中心执行,采用分层、三阶段与规模度量成比例的现代抽样技术进行调查,内容涉及家庭资产、负债、收入、消费、保险、保障等各个方面的数据,全面客观地反映了中国家庭金融结构、金融行为等基本状况。

2019 年 6 月至 2020 年 12 月共获得 1863 份有效问卷。受访者是户主或对本家庭财务状况最了解的家庭成员，调查内容主要包括家庭基本情况、金融能力、互联网使用、创业、保险保障、资产配置、负债、支出、收入及获得感十个部分。剔除关注变量信息缺失的数据以及一些异常值后，最后保留 1854 份观测值。①

5.2.1 样本家庭特征

表 5-5 描述了全样本个体及家庭特征分布情况。数据显示，在受访者中男性占比为 57%，已婚者占比为 78%，受访者平均年龄在 44 岁左右。学历方面，受教育年限平均值为 9.65 年，这表明多数受访者接受了国家 9 年义务教育；家庭规模方面，农村家庭平均人口数为 3.9 人。

表 5-5　个体及家庭特征分布情况

变量名称	观测值	均值	标准差	最小值	最大值
年龄	1854	44.37	14.64	20	87
受教育年限	1854	9.65	4.17	0	19
性别	1854	0.57	0.50	0	1
婚姻状况	1854	0.78	0.42	0	1
家庭规模	1854	3.90	1.45	1	10

（1）年龄结构

表 5-6 描述了受访者年龄分布的具体情况：受访者样本中 30~50 岁的中年人占比最高，约为 44%；50~60 岁和 30 岁以下的受访者占比相近，约为 22%；超过 60 岁的老年受访者占比为 13.54%。

表 5-6　年龄分布情况

年龄	样本量	样本占比（%）
30 岁以下	401	21.62
30~40 岁	263	14.18
40~50 岁	551	29.71

① 本书的主要内容为金融能力对家庭经济获得感的影响，所以考虑到：（1）影响农村地区贫困家庭经济获得感的主要因素为扶贫政策；（2）习近平总书记多次强调"到 2020 年我国现行标准下农村贫困人口实现脱贫"，于是本书在调研中未包含样本区域的贫困家庭。

年龄	样本量	样本占比（%）
50~60 岁	388	21.92
60 岁以上	251	13.54

（2）学历结构

受访者的学历情况如表 5-7 所示。受访者平均受教育年限为 9.65 年，中位数为 9 年。其中，初中学历占比最高，约为三分之一；初中学历以下有 584 人，占比为 31.51%；高中（中专、职高）学历约占 15.53%；而有大专及以上学历的受访者占比为 19.85%。数据显示，西部地区农民的文化程度整体偏低。

表 5-7 学历分布情况

学历	样本量	样本占比（%）
小学以下	89	4.8
小学	495	26.71
初中	613	33.06
高中、中专、职高	288	15.53
大专/高职及以上	368	19.85

（3）家庭规模

受访家庭人口数的区间为 [1，10]，家庭平均人口数为 3.9 人，与 2019 年国家统计局公布的农村家庭人口数 3.98 人具有一致性。三口之家和四口之家的占比相当，分别为 24.11% 和 25.73%；五人及以上大家庭占比约为三分之一；由 1 人或 2 人组成的家庭占比较低，分别为 3.13% 和 14.19%（见表 5-8）。

表 5-8 家庭规模分布情况

家庭规模	样本量	样本占比（%）
1 人	58	3.13
2 人	263	14.19
3 人	447	24.11
4 人	477	25.73
5 人	333	17.96

家庭规模	样本量	样本占比（%）
6人	210	11.33
7人及以上	66	3.56

5.2.2 农民金融能力：四维度分析

本书整理后的"西部地区农民金融能力测度框架"如表5-9所示。

表5-9 西部地区农民金融能力测度框架①

一级指标	二级指标	题项	选项赋值
金融知识	风险认知	国债和股票哪个风险更大？	"股票"=2，"国债"或"一样"=1，"不知道"=0
	信用认知	您在A银行的不良信用记录是否对您在B银行申请贷款产生负面影响？	"是"=2，"否"=1，"不知道"=0
	利率认知	银行的年利率是2%，1万元钱存1年定期后获得的利息为多少元？	"等于200"=2，"小于或大于200"=1，"不知道"=0
	通胀认知	银行年利率是2%，每年物价上涨4%，把1万元钱存银行一年后能够买到的东西将比一年前更多（少）？	"更少"=2，"更多"或"一样"=1，"不知道"=0
财务管理	日常收支	过去一年内是否能保持收支平衡？	"是"=1，"否"=0
	储蓄习惯	是否拥有活期存款/定期存款/其他理财产品？	"是"=1，"否"=0
	冲击应对	家庭流动金融资产能否维持三个月的支出？	"是"=1，"否"=0
	负债管理	是否过度负债？	"是"=1，"否"=0
	理财行为	是否有过购买保险、理财等投资行为？	"是"=1，"否"=0
	财务规划	是否做财务规划？	"是"=1，"否"=0

① 为了表述精练，表5-9中的题项及对应的选项经过整理，是对问卷原文的简化处理。

一级指标	二级指标	题项	选项赋值
金融态度	信息关注态度	平时对经济金融方面的信息关注如何？	"从不关注" =0，其他 =1
	学习态度	如果政府组织一场培训，您是否愿意参加？	"是" =1，"否" =0
	养老态度	您计划的养老方式是什么？（多选题，选择其中任一种，则认为"有计划"）	"有" =1，"无" =0
	数字金融态度	是否使用互联网？	"是" =1，"否" =0
金融机会	银行账户	您家是否有经常使用的银行账户？	"是" =1，"否" =0
	银行网点距离	步行至最近的金融机构需要 20 分钟以上吗？	"是" =1，"否" =0
	触网机会	是否有智能手机？	"是" =1，"否" =0

（1）金融知识维度

如表 5-10 所示，信用认知问题回答正确率最高，74%的受访者可正确回答问题，说明他们对信用的重要性有一定了解。风险认知问题的回答正确率为 57%，有 37%的受访者选择"不知道"，说明近半数的受访者对股票和国债这类金融产品缺乏了解，风险认知程度低。不同于风险认知和信用认知问题，利率认知和通胀认知问题除了能考察受访者对金融基础概念的理解，还能考察受访者的计算能力。这两个问题的回答错误率较高，分别为 17%和 15%，同时选择"不知道"的比例分别为 29%和 25%，说明近半数受访者并不理解利率和通胀，或其计算能力较弱。

表 5-10　"金融知识维度"问题回答情况

二级指标	正确	错误	不知道
风险认知	57%	6%	37%
信用认知	74%	13%	13%
利率认知	54%	17%	29%
通胀认知	60%	15%	25%

（2）财务管理维度

由表 5-11 可知，94%的家庭没有过度负债，说明绝大多数家庭的财务安全性较好；能够维持日常收支平衡的家庭占 75%，有财务规划的家庭占比约为 71%，有储蓄习惯的家庭占比约为 62%，从中可以看出大多数家庭的日常财务管理能力较强。样本中仅有 42%的家庭具有投资理财行为，这既可能因家庭可投资资产有限所致，也可能与其不懂专业知识，参与金融市场的能力不足有关。此外，仅有半数家庭的流动性金融资产能够维持三个月支出，说明近半数家庭可能存在金融脆弱性问题，无法应对意外事件带来的冲击；需要指出的是，本书还注意到高达25%的家庭收不抵支，面临陷入财务困境的风险。作为家庭应对危机的重要资源，储蓄能够有效缓解家庭金融脆弱性，然而38%的家庭没有储蓄，缺乏紧急情况下作为缓冲的应急资金，极易导致家庭陷入财务危机。

表5-11　"财务管理维度"问题回答情况

二级指标	好	差
日常收支	75%	25%
储蓄习惯	62%	38%
冲击应对	53%	47%
负债管理	94%	6%
理财行为	42%	58%
财务规划	71%	29%

（3）金融态度维度

由表5-12可知，西部地区约88%的农村家庭有积极的学习态度，愿意参加政府组织的相关培训，约79%的家庭有参与互联网金融活动的经历，说明绝大多数农村家庭愿意接受新事物、新知识和新技能。数据还显示，对未来养老有所规划的家庭仅占38%，说明绝大部分受访家庭养老意识淡薄，没有为未来的养老生活做好思想准备；平时关注经济金融信息的家庭不足半数，仅占48%，说明家庭关注信息的意识严重不足。

表5-12　"金融态度维度"问题回答情况

二级指标	好	差
信息关注态度	48%	52%
学习态度	88%	12%
养老态度	38%	62%
数字金融态度	79%	21%

（4）金融机会维度

金融机会即金融可得性，反映了可供个体利用的外部金融环境的优劣，是金融能力的重要维度。由表5-13可知，高达91%的受访家庭拥有银行账户，农民有条件享受到银行提供的基本金融产品和服务。83%的受访者使用智能手机，且西部地区农村网络基础设施条件良好，因此农民通过互联网接收经济金融资讯和参与金融市场的渠道已经比较畅通。近半数家庭步行至最近的金融机构网点需花费 20 分钟以上，这与西部农村地区居民散居的特征有关，因此更体现出数字普惠金融在农村地区发展的重要性。

表 5-13　"金融机会维度"问题回答情况

二级指标	好	差
银行账户	91%	9%
银行网点距离	51%	49%
触网机会	83%	17%

5.2.3　农民金融能力：因子分析

因子分析法最早是被 K. 皮尔逊和 C. 斯皮尔曼等学者应用于心理学研究，能够以少数公共因子来概括难以直接测量的隐性变量，并根据方差贡献率确定各个公共因子的权重，能够克服主观确定权重的缺陷，使综合评价结果客观合理。[①] 因此本书在构建金融能力评价指标的基础上，运用因子分析法探析众多指标间的内在关联和基本结构，从而计算出金融能力得分，以期更客观地衡量农民的金融能力。

（1）模型检验

因子分析法要求原有变量之间存在较强的相关性。本书使用 KMO 检验和巴特利特球形检验，检验结果如表 5-14 所示，KMO 的值为 0.755，说明原有变量之间具有较强的相关关系；巴特利特球形检验结果表示拒绝原假设，因此适合做因子分析。

表 5-14　KMO 和巴特利特检验的相关性检验结果

KMO 取样适切性量数	—	0.755
巴特利特球形检验	近似卡方	5039.043
	自由度	136
	显著性	0.000

---

① 刘国强. 我国消费者金融素养现状研究——基于 2017 年消费者金融素养问卷调查［J］. 金融研究，2018（3）：1-20.

（2）提取公共因子

各因子方差贡献率结果见表 5-15，本书共提取 7 个因子，累积方差贡献率达到 60.472%。除此之外，碎石图也可以佐证因子提取的合理性。由图 5-1 因子分析的碎石图可知，本书选取的 7 个因子可以涵盖大部分信息，因子提取结果较为合理。

表 5-15 公共因子方差结果

Factor	Eigenvalue	Proportion	Cumulative
Factor1	3.484	20.492	20.492
Factor2	1.535	9.032	29.524
Factor3	1.254	7.375	36.899
Factor4	1.037	6.100	43.000
Factor5	1.016	5.977	48.976
Factor6	0.990	5.823	54.799
Factor7	0.964	5.673	60.472
Factor8	0.901	5.300	65.772
Factor9	0.896	5.268	71.040
Factor10	0.816	4.797	75.837
Factor11	0.789	4.644	80.481
Factor12	0.774	4.552	85.032
Factor13	0.743	4.373	89.405
Factor14	0.667	3.923	93.329
Factor15	0.526	3.095	96.424
Factor16	0.314	1.849	98.273
Factor17	0.294	1.727	100.000

LR test: independent vs. saturated: chi2 (153) = 5105.26 Prob>chi2 = 0.0000.

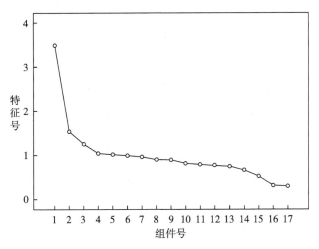

图 5-1　因子分析碎石图

（3）因子旋转

公共因子的经济含义需要通过旋转才能够明确，因此本文利用正交旋转变换得到旋转后的因子载荷，并总结出公共因子主要承载的金融能力指标信息，结果如表 5-16 所示。因子 1 在风险认知、信用认知、利率认知和通胀认知等方面具有较高的因子载荷，代表了农民的金融知识水平，因此命名为"金融知识因子"；因子 2 在财务管理及规划方面有较高的因子载荷，因此命名为"财务管理及规划因子"；其他因子也按照同样的方法命名。

表 5-16　旋转后的因子载荷

公共因子	名称	主要承载的指标	因子载荷
因子 1	金融知识因子	风险认知	0.536
		信用认知	0.484
		利率认知	0.750
		通胀认知	0.807
因子 2	财务管理及规划因子	理财行为	0.378
		财务规划	0.614
		信息关注态度	0.642
		养老态度	0.556
因子 3	危机应对因子	冲击应对	0.882
		储蓄习惯	0.883

续表

公共因子	名称	主要承载的指标	因子载荷
因子4	金融平衡因子	日常收支	0.710
		银行账户	0.683
因子5	数字金融因子	数字金融态度	0.836
		触网机会	0.868
因子6	传统金融因子	银行网点距离	0.819
		学习态度	0.445
因子7	负债管理因子	负债管理	0.886

（4）金融能力得分

本书使用Stata16软件计算旋转后的公共因子得分系数矩阵，并保存为 F_{ij} 变量，F_{ij} 表示第 i 位农民在第 j 个公共因子上的得分。再以表5-15中各个公共因子的方差贡献率为权重，分别乘以各个公共因子得分，累加后得到 F。其中，F_i 代表第 i 位农民的金融能力，σ_j 为第 j 个公共因子的方差贡献率，$\sum_{j=1}^{7} \sigma_j$ 是所选取的7个公共因子的累计方差贡献率。

$$F_i = \frac{\sigma_1 F_{i1} + \sigma_2 F_{i2} + \cdots + \sigma_7 F_{i6}}{\sum_{j=1}^{7} \sigma_j}$$

最后，为便于分析，本书将通过因子分析法得到的金融能力综合得分进行归一化，转化成百分制的金融能力得分FC（Financial Capability），转化公式如下：

$$FC_i = \frac{F_i - \min(F_i)}{\max(F_i) - \min(F_i)} \times 100$$

由此得到西部地区农民的金融能力得分。描述性统计结果如表5-17所示，金融能力得分的最小值为0，最大值为100，平均值为69，表明我国西部地区农民的金融能力水平普遍较低。图5-2通过直方图展示西部地区农民的金融能力得分近似服从正态分布。

表5-17　西部地区农民金融能力描述性统计

Variable	Obs	Mean	Std. Dev.	Min	Max
FC	1854	69.00	17.01	0	100

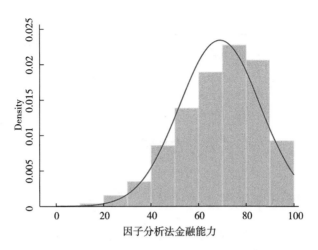

图 5-2　样本农民金融能力得分分布

受访者金融能力情况如表 5-18 所示。从性别来看，男性受访者的金融能力均值为 69.61 分，略高于女性受访者。从年龄来看，年轻受访者的金融能力高于年长者。35 岁及以下受访者的金融能力得分最高，为 76.99 分，35 岁至 54 岁受访者的金融能力次之，得分为 70.68 分，55 岁及以上受访者的金融能力最低，得分仅为 57.79 分。从受教育程度来看，受访者的受教育程度与金融能力正相关。学历为大专及以上的受访者金融能力均值为 81.12 分，高中（中专或职高）学历受访者的金融能力均值为 76.93 分，小学及以下受访者的金融能力分值最低，远低于平均水平。从就业性质来看，有工作的受访者金融能力均值为 71.17 分，高于务农受访者的金融能力均值 65.92 分。

表 5-18　受访者金融能力分组均值

分类	选项	金融能力得分（分）
性别	男	69.61
	女	68.92
年龄	35 岁以下	76.99
	35~54 岁	70.68
	55 岁及以上	57.79
受教育程度	没上过学	53.55
	小学	58.87
	初中	69.41
	高中/中专/职高	76.93
	大专/高职及以上	81.12

分类	选项	金融能力得分（分）
工作性质	务农	65.92
	有工作	71.17

5.3 农村家庭财富

5.3.1 家庭总资产

家庭总资产包括农业资产、工商业资产、房产、汽车、家用电器、活期存款、定期存款、股票、基金、债券、互联网理财产品、其他理财产品、现金以及借出款等。

（1）家庭总资产及分布

农村家庭户均总资产为 58.6 万元，中位数为 41 万元，均值与中位数相差 17.6 万元。由表 5-19 可知，将家庭总资产从低到高分为五组，最低 20% 农村家庭所拥有的资产仅为全部样本家庭资产的 2.24%，而总资产最高的 20% 家庭的总资产占比为 54.02%，说明农村家庭资产的集中度较高，资产分布分化较为明显。

表 5-19 样本家庭总资产分布情况

按总资产从低到高分组	均值（万元）	占全部家庭总资产的比重（%）
0~20%	6.8	2.24
20%~40%	20.7	7.08
40%~60%	39.9	13.49
60%~80%	67.8	23.17
80%~100%	151.6	54.02

（2）金融能力与农村家庭总资产

图 5-3 刻画了金融能力与家庭总资产之间的关系。可以看出，金融能力较高的受访者，其家庭总资产也往往较高，而且高金融能力家庭的资产总量与低金融能力家庭的资产总量已经呈现出相当大的差距。

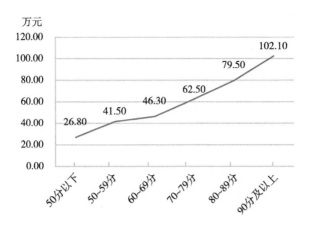

图 5-3　金融能力与家庭总资产的关系

5.3.2　家庭负债

整体而言，样本家庭负债均值为 5.75 万元。在有负债的家庭中，户均家庭总负债为 19.57 万元。样本家庭负债区间分布如表 5-20 所示，其中 74.5%的家庭没有负债，负债 10 万元及以上的家庭占比为 13.2%。从负债构成来看，住房负债占比最高，为 63.7%，农业和工商业负债占比 24.2%，教育负债 2.7%，医疗负债 1.9%，车辆负债 4.2%；其他负债为 3.3%。

表 5-20　样本家庭负债区间分布情况

负债区间	样本家庭占比（%）
没有负债	74.5
1 万元以下	0.1
1 万~5 万元	6.6
5 万~10 万元	4.9
10 万~100 万元	13.2
100 万元及以上	0.7
合计	100

进一步从负债渠道来看，家庭的正规金融机构借贷参与率为 26.2%；民间借贷参与率为 17.9%；同时，民间借贷规模占债务总额比重为 30%。从负债渠道的意愿偏好来看，48.1%的受访家庭愿意从亲戚朋友处借钱，28.7%的受访家庭更愿意从银行贷款，23.2%的受访者会根据融资用途和金

额决定借款渠道。在西部农村地区，家庭的资金需求整体呈现出"短、小、频、急"的特征，而亲朋好友这一民间借贷渠道恰好可以很好地满足此类资金需求。因血缘、亲缘和地缘而形成的稳定的社会网络为农民实现小额短期资金融通打下了良好的基础。当面临购房、生产或创业时，农民需要大额长期资金，则更倾向于从银行等正规金融机构获取贷款。数据还显示，仅有31.2%的受访者有信心获取银行贷款，这说明农民的自我排斥现象仍然普遍存在。

5.3.3 家庭净资产

从家庭总资产中扣除负债可得到家庭净资产，家庭净资产代表了家庭的财富水平。数据显示，农村家庭净资产均值为 52.82 万元，中位数为 36.56 万元，前者高于后者。从表 5-21 可以看出，将农村家庭净资产从低到高排序，财富最少的 20% 的家庭，其财富占比为 1%；而财富最多的 20% 的家庭，其财富占比高达 53.9%，说明农村家庭的财富分化程度较高。

表 5-21　样本家庭净资产分布情况

按净资产从低到高分组	均值（万元）	占全部家庭净资产总额的比重（%）
0~20%	2.5	1
20%~40%	18.8	7.1
40%~60%	36.8	13.9
60%~80%	63.5	24.1
80%~100%	142.5	53.9

5.4　农村家庭金融资产

农村家庭金融资产包括银行存款、现金、股票、债券、基金、借出款、理财产品（含互联网理财）等。

5.4.1 金融资产总量及结构

农村家庭户均金融资产为 9.62 万元，中位数为 2.59 万元，说明农村家庭金融资产分布极不均衡。同时，西部地区农村家庭金融资产仅占家庭总资产的 16.4%，占比偏低。

如表 5-22 所示，从各类金融资产占金融资产总额的比重来看，银行存款和现金占比高达 63.43%；借出款占比较高，为 26.52%；股票、债券、基金、互联网理财产品以及其他理财产品占金融资产总额的比重合计仅为 10.05%，表明受访家庭的金融资产结构单一。

5.4.2 金融市场参与

从金融资产种类来看，持有现金的家庭占比最高，达 93.74%；有银行存款的家庭占比为 53.45%；持有股票、债券和基金的家庭较少。这说明多数家庭仍偏好无风险金融资产，习惯持有现金或把钱存入银行。在受访家庭中，有 16.83% 的家庭拥有互联网理财产品，说明互联网金融已经在西部农村地区得到发展。此外，近三分之一的家庭有借出款，且借出款占家庭金融资产的 26.52%，说明在西部农村地区亲戚和邻里之间的民间借贷现象比较普遍。由于借贷双方大多较为熟悉，多数农村家庭并未将其视作金融市场的资金拆借行为，而是将其作为生活中的互帮互助行为，不看重其收益，且借出款的本息偿还期限随意性较大，蕴藏着一定风险。考虑到借出款形式的金融资产与家庭参与金融市场行为无关，本书在计算金融资产种类数时将其剔除，计算得出受访家庭金融资产种类数均值为 1.83，中位数为 2，最大值为 6，足以反映我国西部地区农村家庭在金融市场上参与率很低的现实。这可能是因为西部地区农村家庭投资理财意识薄弱、机会少、能力低。

表 5-22 样本家庭金融资产持有情况

| 金融资产类型 | 持有 | | 未持有 | | 均值 | 占金融资产总额比重 |
	样本量	占比（%）	样本量	占比（%）	（万元）	（%）
银行存款①	991	53.45	863	46.55	4.621	48.00
现金	1738	93.74	116	6.26	1.485	15.43
借出款	562	30.31	1292	69.69	2.555	26.52
股票	30	1.62	1824	98.38	0.116	1.21
债券	16	0.86	1838	99.14	0.021	0.22
基金	145	7.82	1709	92.18	0.171	1.77
互联网理财	312	16.83	1542	83.17	0.365	3.79
其他理财	92	4.96	1762	95.04	0.294	3.06

---

① 银行存款包括活期存款和定期存款。

5.4.3 金融能力与金融市场参与

如图 5-4 所示，受访者金融能力与家庭持有金融资产种类数之间呈现出正相关关系，高金融能力受访者拥有的金融资产种类数更多。金融能力得分在 50 分以下的家庭所持金融资产种类数均值为 1.11，而得分在 90 分及以上的家庭所持金融资产种类数为 2.67。可见，金融能力强的农民往往能更好地利用现有的金融产品及服务，在承担一定风险的基础上购买能够获取收益的金融产品。

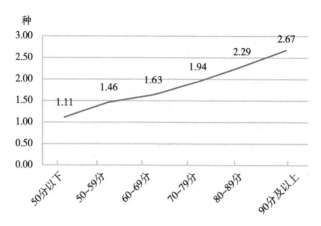

图 5-4 金融能力与持有金融资产种类数的关系

5.5 农村家庭支出

5.5.1 消费支出

对样本家庭的调查结果显示，家庭消费支出均值为 5.64 万元，中位数为 4.65 万元。在农村家庭消费支出中，户均衣食住行支出为 3.27 万元，占比高达 58%；生活居住支出 0.55 万元，占比约为 9.75%；教育支出为 0.63 万元，占比约为 11.2%；医疗保健、耐用品以及文化娱乐支出分别为 0.33 万元、0.28 万元和 0.17 万元，占比分别为 5.85%、4.96% 和 3.01%。数据表明，西部地区农村家庭消费结构较为单一、消费层级处于较低水平，消费支出仍以满足衣食住行等基本需求为主，在文化娱乐、医疗保健等方面支出较少。

5.5.2　人情往来支出

除了消费支出外，农村家庭面临的另一大额支出是人情往来支出（包括红白喜事、过节、祝寿、看望病人等），这是因为农村的邻里关系密切，农民与亲友往来频繁。调查数据显示，户均人情往来支出为 1.42 万元，约占家庭总收入的 10.7%，占比较高。

5.5.3　消费支出与收入

表 5-23 将样本家庭按照总收入从低到高分为五组：低收入家庭、中低收入家庭、中等收入家庭、中高收入家庭和高收入家庭，进而统计出不同收入水平的农村家庭的消费支出情况。数据显示，样本家庭内部收入消费分布不均衡情况非常明显，其中高收入家庭的收入和消费支出均远高于中低收入家庭，且收入为消费支出的 4 倍；而低收入家庭面临入不敷出的困境。

表 5-23　样本家庭收入消费分布情况

按家庭收入从低到高分组	收入均值（万元）	消费支出均值（万元）
低收入家庭	2.43	2.98
中低收入家庭	5.69	4.12
中等收入家庭	8.99	5.54
中高收入家庭	13.54	6.53
高收入家庭	35.64	8.99

5.6　农村家庭保险保障

5.6.1　保险保障参与

表 5-24 描述了样本家庭保险保障的参与情况。保险参与行为包括新农保参与、其他社会养老保险参与、新农合参与、其他社会医疗保险参与以

及商业保险参与。① 数据显示，99.19%的受访家庭已被保险保障所覆盖。具体来看，新农合参与率最高，约为95.31%；新农保参与率次之，约为74.92%；其他社会养老保险和其他社会医疗保险的参与率较低，分别为16.56%和12.68%；仅有27.51%的受访家庭拥有商业保险，商业保险参与严重不足。

表5-24　样本家庭保险保障参与情况

保险参与情况	持有		未持有	
	样本量	占比（%）	样本量	占比（%）
保险参与	1839	99.19	15	0.81
新农保	1389	74.92	465	25.08
其他社会养老保险	307	16.56	1547	83.44
新农合	1767	95.31	87	4.69
其他社会医疗保险	235	12.68	1619	87.32
商业保险	510	27.51	1344	72.49

5.6.2　金融能力与商业保险参与

与社会保险的参与决策不同，西部地区农村家庭购买商业保险主要出于自发选择，较少受到政策的影响，因此家庭决定是否购买商业保险主要是基于对风险和收益的考量，更能反映出受访者金融能力的高低。如图5-5所示，受访者金融能力与商业保险参与之间呈现出正相关关系。相比低金融能力的受访者，高金融能力受访者更可能购买商业保险。金融能力得分为50分以下的家庭商业保险参与率为13.6%，而得分在90分及以上的家庭商业保险参与率为45.9%。

---

① 2014年2月，新农保与城镇居民养老保险并轨，两者合称城乡统一居民社会养老保险，故本书将参加了城乡统一居民社会养老保险的农村居民也视作"已参与新农保"；其他社会养老保险包括政府/事业单位退休金、城镇职工基本养老保险金和其他；同理，新农合包括新型农村合作医疗保险、城乡居民基本医疗保险；其他社会医疗保险包括城镇职工基本医疗保险、大病医疗统筹和其他。

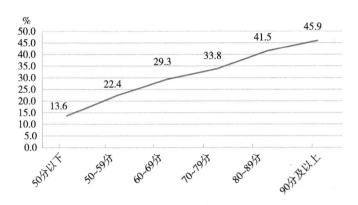

图 5.5　金融能力与家庭商业保险参与水平的关系

5.7　小结

　　本章从农村基础设施、经济发展水平和普惠金融发展三方面概述了我国西部农村地区经济金融的整体情况，并基于四川省、云南省、贵州省、甘肃省和重庆市西部五省（市）实地调研的 1854 个样本家庭数据，从微观层面深入分析西部地区农村家庭的经济金融情况。

　　具体来看，从金融知识、财务管理、金融态度和金融机会四个维度对问卷回答情况进行分析，发现农民的信用认知表现最好，利率认知和通胀认知次之，风险认知最差。农村家庭在负债管理方面表现良好，但在收支管理、冲击应对等方面仍待改进，值得注意的是，超半数家庭没有理财行为。农民普遍愿意参与政府培训活动、愿意使用互联网，但仍然较为欠缺信息关注意识和养老规划意识。农村地区金融可得性普遍表现良好，说明我国普惠金融工作已取得较大进展。本书进一步运用因子分析法计算出受访者的金融能力得分，研究发现：西部地区农民金融能力均值为 69 分，金融能力水平普遍较低。其中，男性受访者金融能力略高于女性，年轻受访者金融能力高于年长者，高学历受访者的金融能力高于低学历受访者，有工作的受访者金融能力则高于务农受访者。

　　依托调研数据，本章对农村家庭财富、金融资产、支出及保险保障展开进一步分析，发现：（1）样本家庭总资产分布和净资产分布分化较为明显，即农村家庭的财富分化程度较高；（2）73.8%的家庭没有负债，在有负债的家庭中，住房负债金额占比最高；从负债渠道偏好来看，农村家庭更偏好非正规借贷渠道；（3）在金融资产方面，就总量而言，西部农村家庭所持资产分布极不均衡，就结构而言，家庭偏好持有现金和存款，家庭借出款比例较高，总的来说呈现出金融资产结构单一、金融市场参与度低的特点；（4）在支出方面，西部地区农村家庭的消费支出仍以满足衣食住行等基本需求为主，此外人情往来支出占比也较高，约占总收入的 10.7%；（5）消费与收入之比在不同收入水平家庭中存在鲜明差别，前 20% 低收入家庭面临入不敷出的困境，后 20% 高收入家庭的收入约为消费的 4 倍；（6）保险保障在西部农村地区已基本实现全覆盖，新农合覆盖率最高，新农保次之，商业保险参与严重不足；（7）金融能力与家庭总资产、金融资产种类数和商业保险参与均呈正相关关系。

| 第6章 |

农民金融能力与家庭经济获得感：理论与实证

6.1 金融能力与获得感的理论联结——能力理论

阿玛蒂亚·森提出了能力理论，认为能力的要义是"一种积极选择和行动的实质自由"。[1] 当个体被赋予了更多的选择自由时，个体就获得了更多的可行能力。能力不仅是栖息之人体内的能力，还是由个人能力和政治、社会和经济环境在结合后所创造的自由或机会。[2] 阿玛蒂亚·森的可行能力概念及其思想已经成为经济学、社会学、政治学、伦理学等领域一些著名学者的研究基础。国内已有不少学者将其引用到经济学关于贫困、不平等和经济发展的研究中。

6.1.1 能力视野下的福利——获得感

Pigou（1920）认为经济福利是社会福利的一部分，并将其与国民收入对等。以此为基础，学者们多用 GDP 和 GNP 衡量经济福利。[3] 而在阿玛蒂亚·森看来，GDP 之类的标准并不足以衡量我们的生活，传统意义上的效用和收入并不能准确衡量福利，特别是 GDP 对地区之间以及家庭之间的财富分配状况和贫富差距不敏感。因为一国经济高速增长的同时，可能正面临着地区之间和家庭之间财富分配的分化。同时，GDP 标准也是无法体现

---

[1] 能力理论有非常丰富的内涵，因此国内外关于阿玛蒂亚·森的研究成果颇为丰富，涵盖经济学、社会学、政治学、伦理学、法学、教育学等社会科学的各个领域。课题组仅仅将他的经济学思想，特别是关于"福利经济学"和"发展经济学"的思想进行梳理，重点对"可行能力"和"福利"的有关论述进行解读和分析。

[2] 玛莎·C.纳斯鲍姆. 寻求有尊严的生活 [M]. 田雷译. 北京：中国人民大学出版社，2016：15.

[3] 田霖. 金融包容与中国家庭福利水平研究——基于 CHFS 项目 28143 个家庭的调查数据 [J]. 人民论坛·学术前沿，2021（12）：84-103.

微观个体的异质性（如年龄、性别、健康等）。因此，阿玛蒂亚·森认为应该从能力的角度看待发展，即重视以人的能力提升为基础的发展。这为本书提供了重要的理论基础，即人民获得感和幸福感的提升既不能单纯依靠国家或者地区 GDP 的增长，也不能仅仅依赖于人民收入水平的提高，而是要致力于最核心、最实质的人的能力提升和人的全面发展。能力之所以重要，是因为能力的拓展最终能够真正转化为个体物质和精神福利的改善。在阿玛蒂亚·森的能力框架中，他认为制度设计应该关注弱势群体，评价其福利水平时要考虑年龄、性别、健康、社会关系、阶层背景、教育背景以及其他种种因素。

阿玛蒂亚·森关于福利的核心思想与获得感的内涵具有一致性。基于能力理论来研究获得感，具有理论意义和社会价值。首先，可行能力意味着机会，可以最大限度地揭示出国家和社会在培育和改善可行能力上应承担的责任。其次，能力论主张识别出能力剥夺。例如，与城镇居民相比，农村居民所拥有的教育资源、医疗资源和金融资源等都处于弱势状态，只有有效识别出其因资源有限而带来的能力不足，才能对农民群体所拥有的有限资源予以扩展，提升该群体的能力，最终增进其社会福利。

我国已如期打赢脱贫攻坚战，从而缓解相对贫困和多维贫困、全面提升农村家庭的获得感就显得尤为重要。能力视野下的获得感分析，比收入和幸福感分析具有明显的优势，对农民群体来说更是如此。因此，能力理论为西部地区农民获得感的研究提供了重要的理论基础和政策依据。

6.1.2　能力视野下的农民金融能力

阿玛蒂亚·森的可行能力理论强调选择自由的重要性，个体被赋予了更多的选择自由，就获得了更多的可行能力。从可行能力视角看待金融能力，赋予了金融能力以新的内涵。

基于阿玛蒂亚·森的可行能力理论，金融能力是指金融消费者在金融领域的一种可行能力自由，不仅包括金融消费者的内部可行能力，也包括其外部可行能力，即外部金融环境或金融机会。内部可行能力可以通过接受教育、自学以及金融实践来获得，而外部可行能力则更有赖于政府的制度设计、政策实施以及金融机构在政府引导下为弱势群体提供丰富且适用的产品和服务而得以实现。对于金融消费者而言，内部可行能力和外部可行能力缺一不可，且同等重要。这是因为，即使金融消费者的内部可行能力很高，在其外部金融机会被剥夺的情况下，内部可行能力也不能充分发挥作用。例如，即使一位投资者具备充足的投资理财专业知识和技能，但如果没有充分发育的金融市场，没有丰富多样的金融产品及服务可供选择，该投资者的可行能力也难以发挥，更谈不上加以充分利用，从而其金融福利必将大打折扣。另外，即使是对于内部可行能力较低的群体而言，拥有良好的外部金融环境或富足的金融机会也是极为必要的。在我国西部农村地区，特别是相对偏远的地区，农民的金融知识和金融技能等内部可行能力通常较为低下，即使为其提供一系列金融产品和金融服务的选择，他们也很可能不会对这些金融机会加以充分利用。那么，这些金融机会的存在就没有价值了吗？从可行能力的角度来看，虽然外部条件和机会并没有被实际使用，但是它们也同样重要，因为正是这些机会才体现出可行能力的价值，即"个体拥有了更多的选择自由"。如上文所述，"有选择机会而不选"和"没有选择机会"是两个完全不同的概念。

能力视野下的金融能力将外部金融环境纳入其中，其核心精神在于金融消费者使用哪些金融产品或服务是基于他们个人决定的结果，而不是他们无法使用替代产品或服务的结果。发展西部地区农民的金融能力就是要赋予其更多的可行能力自由，从而提升其福利水平。

在外部金融环境方面，数字金融深刻变革并影响了金融消费者接触市场的机会。市场上提供的金融产品和金融服务类型更为丰富，获取产品和服务的成本大大降低，便捷度和效率则大大提高。特别是在我国西部农村地区，数字普惠金融的地位和重要性更不能忽视。农户金融需求的"短、小、频、急"和缺乏抵押品、缺乏足够的信用信息支持等特征，使得传统金融难以支持和覆盖以农户为代表的边缘群体的金融需求，成为长期以来制约农村金融发展的"最后一公里"。金融科技的兴起使金融服务具有更强的地理穿透性，[1] 数字普惠金融通过空间布局的广覆盖性和产品服务的多层次匹配性有效延伸了金融服务半径，以较低的成本高效率地突破了"最后一公里"。目前，在我国大多数农村地区，只需要一部智能手机和移动网络的支持，人们便能够完成交易和支付，甚至随时随地参与金融市场进行金融交易。根据本书的调查数据，在受访家庭中，有 76.6% 的家庭使用过微信、支付宝等移动支付方式，简单便捷的扫码支付已经深入农民日常生活。

然而，由于西部农村地区数字技术普及的不均衡、不充分，农民的可行能力可能进一步分化。数字知识和金融素养的缺乏，使部分弱势群体容

---

① 李继尊. 关于互联网金融的思考 [J]. 管理世界, 2015 (7): 1-7+16.

易遭受"工具排斥"和"评估排斥"等新的金融排斥，导致弱势群体和"优势群体"之间的贫富差距进一步拉大。此前农民面临的金融产品和金融服务供给不充分的问题，将演化为"数字红利"和"数字鸿沟"的两极分化问题。本书调研数据显示，样本家庭中使用过互联网理财和互联网借贷的比例分别仅为18.8%和20.9%。这意味着即使广大农村地区实现了互联网的广覆盖，智能手机拥有率也大幅提升，但并不等于农民参与金融市场的能力得以同步提高。因此，不仅要为农民提供合适的金融产品和服务，赋予其选择的权利，使其不被排斥在金融市场之外，还需要通过教育培训等手段同步提升他们的金融能力，以缓解因金融素养和数字知识的缺乏导致的"数字鸿沟"对农村家庭福利的剥夺。

6.2 金融能力与经济获得感：文献综述与理论分析

6.2.1 经济获得感概念的提出

获得感是衡量改革成果能否被人民共享的最有针对性的评判依据，也是反映人们是否获得了所期望收益的最直接的测量指标。[①] 在经济学研究中，部分学者更重视获得感中的经济获得感。经济获得感是指家庭基于经济获得及其经济状况的总体感受和整体评价，是基于其客观经济获得而产生的满足感。

目前，国内关于经济获得感的研究比较少，已有文献重点关注农民和低收入群体等弱势人群。研究发现，地区经济和社会政策均能显著提升低收入家庭的经济获得感；社会保险和扶贫政策能够提升困难家庭的经济获得感；征地政策提升了农民的横向经济获得感，而多元征地补贴方式则显著提升了农民的纵向经济获得感；电商参与提升了农民的经济获得感，但仅影响了贫困户的横向经济获得感，而非纵向经济获得感。在经济获得感的测度方面，多维度测度是主要方法，并且各维度侧重点有所不同（见表6-1）。

---

① 袁浩，陶田田. 互联网使用行为、家庭经济状况与获得感——一项基于上海的实证研究 [J]. 社会发展研究，2019，6（3）：41-60+243.

表 6-1　经济获得感的含义及测度方式

作者	经济获得感含义	测度方式
梁土坤（2018）	基于经济获得及经济状况，对其家庭经济状况的总体感受和整体评价。	经济总体获得感："您对目前家庭经济状况的评价是?" 经济相对获得感："您认为目前家庭的经济地位属于?"
杨金龙等（2019）	人民群众对物质、精神、权利等不同层面利益需求实现状况和实现程度的考量，并将其转化为主观感受，体现了公平正义、共享发展、共同富裕等思想。	横向经济获得感："与同龄人相比，您的社会经济地位是?" 纵向经济获得感："与 3 年前相比，您的社会经济地位是?" 预期收入获得感："考虑工作能力和工作状况，您的收入是否合理?"
黄艳敏等（2017）	自我获得的满足度：用"个体实际收入实现或超出其公平收入期待"为测量依据；同时引入个体主观幸福感。	实际收入："您个人去年全年的总收入是多少?" 公平收入期待："您个人的公平收入应该是每年多少元?" 幸福感："总的来说，您认为您的生活是否幸福?" 获得感设定为： $$ACQ = \begin{cases} 1 & if \gamma \geq 0 \text{ 且 } happiness = 4, 5 \\ 0 & else \end{cases}$$ 其中，happiness 代表幸福程度。 $\gamma = income^{real} - income$
文宏等（2021）	人民群众在物质和精神上有切实收益的主观感受，也是民众美好生活期待在经济社会发展成效中的满足程度。	宏观经济获得感："您觉得我国目前整体经济状况如何?" 个人经济获得感："您家目前的经济情况如何?" 分配公平获得感："您觉得我国目前贫富差距状况如何?"
侯斌等（2019）	经济保障获得感和生活预期获得感。	经济保障获得感："您觉得现在家庭经济是否有保障?" 生活预期获得感："您感觉未来 5 年生活水平将会怎样?"

　　综合已有文献，并结合西部地区农村经济发展及农村家庭经济活动特点，本书从横向经济获得感、纵向经济获得感、经济发展获得感和收入公平获得感四个维度测度经济获得感。其中，横向经济获得感是通过与其他家庭经济状况的对比而做出的主观判断；纵向经济获得感是基于个人当前与过去经济状况相比的主观感受；经济发展获得感是基于当地经济发展获益水平的主观感受；收入公平获得感则是基于家庭成员的能力和工作状况，对收入公平程度的主观感受。具体测量框架如表 6-2 所示。

表 6-2　经济获得感的测量框架①

指标	题项
横向经济获得感	"与周围的人相比，您的家庭经济状况如何？"
纵向经济获得感	"与三年前相比，您家的经济状况如何？"
经济发展获得感	"您家在当地经济增长中的受益程度如何？"
收入公平获得感	"考虑到家庭成员的能力和工作状况，您认为家庭目前的收入合理吗？"

　　经济获得感指标有三个特点：首先，指标设计体现了农民的主体性，符合西部地区农民的实际情况。虽然我国脱贫工作已取得胜利，但目前西部地区农村家庭的经济状况仍存在较大改善空间，因此本文构建的经济获得感指标较为关注农民的家庭经济状况，即客观物质获得，同时也兼顾了农民在客观物质获得基础上的主观感受。其次，指标并非客观物质获得和主观感受这类结果变量的简单集合，它还蕴含奋斗、共建、公平等元素。例如，农民的收入公平获得感得以提升的前提是在工作中付出了与自身能力相适应的努力，如果农民的奋斗程度与客观物质获得不匹配，那么其收入公平获得感就不高。最后，指标设计体现了共享在获得感实现过程中的重要性。共享的要义是全体人民尤其是弱势群体都能分享到改革发展成果。在改革进程中，西部地区农村经济得到较快发展，农民从中获益程度如何关系着其是否享受到改革发展成果，因而代表了其经济发展获得感的实现程度。

6.2.2　文献综述：金融能力与家庭福利

　　首先，金融能力源于金融素养，金融素养是个体为实现金融福祉而掌握的知识和技能，所以金融能力与个人或家庭福利具有先天联系。研究证实，金融能力能够提高家庭的财务满意度和金融幸福感。金融能力能够通过提升弱势群体的决策能力提高其金融福利水平，进而帮助弱势群体摆脱贫困的恶性循环。金融能力使得农民能够有效地管理其收入和支出、信用和债务，从而使其获得更高的经济收益，提升其家庭福利水平。此外，金融能力还会对人们的心理健康产生积极影响，进而影响家庭福利。

　　其次，金融能力兼顾内部可行能力和外部金融机会。Sherraden（2013）

---

　　① 问卷中关于经济获得感的问题选项设置为5级量表，选项1表示获得感5级，赋值5分；选项2表示获得感4级，赋值4分；选项3表示获得感3级，赋值3分；选项4表示获得感2级，赋值2分；选项5表示获得感1级，赋值1分。由此可知，五个问题加总得分越高则表明其经济获得感水平越高。

和 Chowa 等（2014）均强调了金融机会对于低收入家庭的重要性。他们认为，如果不能接触和使用金融产品，农民运用内部金融素养以改善其金融福利的效果就会大打折扣。从金融机会角度看，金融科技可以赋能实体经济、助力乡村振兴战略和促进普惠金融发展，从而显著提高农村家庭幸福感。其中，金融科技的覆盖广度和数字化程度对幸福感的提升尤为重要，且这一提升作用在家庭人员结构较为年轻、负债水平较高以及中国中西部地区的样本中更为显著。[①] 普惠金融的发展能够在一定程度上改变农民在健康和教育等方面的贫困状况，有效缓解农村多维贫困。钱雪松等（2022）发现，在金融科技的助力下，数字普惠金融的发展通过缓解生活压力（包括经济压力和制度排斥压力）以提升居民主观幸福感，且对西部地区居民、农村居民、女性、低文化人群等弱势群体幸福感的提升作用更大。[②]

与传统金融对农村地区和弱势群体的排斥相比，数字普惠金融的发展在一定程度上体现了公平及效率的特点，通过降低农村居民享受金融服务的门槛，促进农村居民进行创业和参与金融投资，以缩小城乡收入差距，改善收入分配的现状，实现经济的包容性增长。但是，数字技术的发展也带来了新的问题，即数字鸿沟问题。数字鸿沟的存在反而可能会提升弱势群体的贫困发生率，加深弱势群体的多维贫困程度。

作为数字基础设施，互联网正在以一种全方位、多维度的方式深入影响居民的福利水平，但是关于互联网使用与居民幸福感的研究尚未形成统一结论。有学者认为，手机、电视和电脑、互联网社交媒体等新兴信息技术的使用能够提高居民的幸福感。考虑到互联网在信息搜索和传播中的低成本和高效率等信息福利特征，互联网的使用可以提升主观幸福感；高收入人群和高学历人群更有可能接入互联网服务，更年轻、受过大学教育、更富有的白领使用互联网的概率更高，他们更能享受到信息福利。国内针对农村地区弱势群体的研究则发现，在农村地区和欠发达地区，低收入、低受教育水平的"弱势群体"的互联网信息福利效应更强，减小了其同"优势群体"在主观福利上的差距。也有学者认为，一方面互联网使用减少了人们在真实世界中面对面的交流时间，降低了人们之间的社会信任，从而显著降低了居民幸福感；另一方面社会经济地位较低的群体易被排斥在外，其处境更加艰

---

① 尹振涛，李俊成，杨璐. 金融科技发展能提高农村家庭幸福感吗？——基于幸福经济学的研究视角 [J]. 中国农村经济，2021（8）：63-79.

② 钱雪松，袁峥嵘. 数字普惠金融、居民生活压力与幸福感 [J]. 经济纬，2022，39（1）：138-150.

难,从而催生了新的不平等现象。

综观已有文献,本书认为:第一,基于金融能力视角的家庭福利研究主要从金融素养和数字普惠金融的角度分别展开,并未将二者视为一个整体进行研究,忽略了外部金融环境对个体能力的实质影响。根据"可行能力理论",当外部金融机会被剥夺时,弱势群体的内部可行能力可能无法充分发挥作用,因此个体的内部和外部可行能力应统一于个体能力的整体框架下。鉴于此,将外部金融环境纳入金融能力指标体系以研究其对家庭经济获得感的影响,更科学合理,也更具理论意义和实践价值。第二,大多文献主要研究个体或家庭的主观幸福感,忽略了在以弱势群体为研究对象时幸福感与获得感的重要区别。尤其是在以我国西部地区农村家庭为研究对象时,已有研究未能充分体现经济获得感这一福利指标的价值。

6.2.3 金融能力影响家庭经济获得感的理论分析

金融能力主要通过以下三个路径对家庭经济获得感产生影响(见图6-1)。

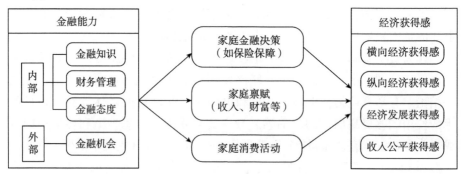

图6-1 农民金融能力影响家庭经济获得感的路径

一是作为一项特殊的人力资本,金融能力的提升往往可以促使家庭做出一系列合理的金融决策。金融能力本质上注重金融知识的丰富、金融产品的自主选择能力以及家庭财务的长期规划能力等。具备该能力的消费者不论是否选择金融产品或服务,都是在做出适合自身情况的理性金融决策。首先,金融能力高的农民更可能做出合理的金融决策,如参与商业保险、新农保和新农合等养老和医疗的保险保障,显著提升其生活满意度,从而可以明显改善其经济获得感等福利状况。其次,移动支付、手机银行等新型金融媒介在农村地区的逐步推广使得农民更易触及多样化金融服务,且享受金融服务的成本得以大幅降低,效率大大提高,从而缓解贫困,提升经济获得感。

二是金融能力可以提高家庭收入和财富等禀赋水平。首先，作为农村家庭经济生活的物质基础，收入是影响农村居民幸福感的重要因素。从创业来看，金融素养的提高显著增加了家庭参与创业的可能性；数字金融能力显著提高了家庭创业的积极性，拓宽了家庭获取收入的渠道。从金融机会来看，数字普惠金融通过缓解信贷约束和金融排斥增加了农村居民和低收入家庭的收入，从而发挥减贫效应；可以显著缓解农户多维相对贫困，并在传统金融减贫的基础上进一步发挥减贫效应。提高农民收入、为农民创业提供资金支持以及缩小城乡收入差距是金融科技提高农村家庭幸福感的重要原因。[①] 其次，金融素养水平对财富积累具有正向影响，而针对发展中国家和低收入人群的研究表明，财富积累能够促进幸福感的提升。

三是金融能力的提高使家庭可用消费资金更充裕，满足了农村家庭的消费需求，促进了家庭消费水平的提升和消费结构的改善。金融与科技的深度耦合，刺激了大量新型金融需求的衍生，推动了消费市场的变革。互联网的使用已经渗透到家庭日常生活，淘宝、支付宝等软件提高了居民支付的便利性，促进了居民消费。数字普惠金融发展还可以缓解农村家庭的流动性约束，实现大额必需品消费的跨期平滑，从而缓解当期经济压力，家庭经济获得感得以提升。

6.3　实证策略和数据

6.3.1　实证模型设定：农民金融能力与家庭经济获得感

首先建立金融能力与经济获得感之间的模型。用 eco_gain 表示农村家庭经济获得感，金融能力用 FC 表示。实证模型如下：

$$eco\_gain = \alpha + \beta FC + \delta X + \varepsilon \qquad (6-1)$$

在式（6-1）中，X 表示个体和家庭特征变量，ε 表示随机扰动项。基准模型式（6-1）通过最小二乘法（OLS）进行估计，其中估计参数 β 代表金融能力对家庭经济获得感的边际影响。在估计模型时，引入了省份虚拟变量以控制区域异质性。

---

① 尹振涛，李俊成，杨璐. 金融科技发展能提高农村家庭幸福感吗？——基于幸福经济学的研究视角 [J]. 中国农村经济，2021（8）：63–79.

6.3.2　内生性考量

式（6-1）可能存在遗漏变量的问题。比如，不同农民对新事物和风险的接受程度往往有差别，这不但影响其金融能力和投资理财、保险参与等经济活动，也影响其经济获得感，而且这类因素难以被度量。反向因果问题也可能存在，因为经济获得感高的家庭更有动力学习经济金融知识并参与金融市场，进而提高自身金融能力。因此，本书采用工具变量法进行内生性检验。参照尹志超等（2014）、吴雨等（2016）、张号栋等（2016）、宋全云等（2017）、贾立等（2020）、苏岚岚等（2021）的做法，结合调研问卷的设置，本书选择"同县区同一收入水平、剔除该家庭后其他家庭平均金融能力"为工具变量。受访者可以向同县区其余家庭学习交流，获取金融信息，提升金融能力，但同一县区其余家庭的金融能力水平不在受访家庭控制范围之内，也不会对受访家庭的经济金融活动以及经济获得感产生直接影响，因而其相对于该家庭的经济金融行为和经济获得感而言是外生的。

6.3.3　变量

（1）被解释变量。被解释变量是经济获得感。将横向经济获得感、纵向经济获得感、经济发展获得感和收入公平获得感四个维度的得分进行加总，从而得到家庭经济获得感指标。

（2）核心解释变量。核心解释变量金融能力包括金融知识、财务管理、金融态度和金融机会四个维度。对上述四个维度的 17 个问题变量进行因子分析，通过正交旋转得到金融知识因子、财务管理及规划因子、危机应对因子、金融平衡因子、数字金融因子、传统金融因子和负债管理因子。分别计算各因子得分，以方差贡献率为权重加权求和得到金融能力得分（FC）。KMO 检验显示整体 KMO 值达到 0.755。另外，巴特利特球形检验 P 值为 0，因此本样本适合使用因子分析法。

（3）控制变量。借鉴已有文献，选取以下控制变量：性别、年龄、婚姻状况、文化程度、健康状况、风险偏好反映受访者个体特征；家庭规模、房屋市值、家庭财富[①]、乡村精英[②]、工作人数占比、少儿抚养比、老年抚养比、人情往来支出反映家庭特征。

---

① 此处的家庭财富由家庭净资产表示，其数据处理方法详见第 8 章。
② 乡村精英通过受访家庭中是否有党员或村干部来衡量，都没有赋值为 0，否则赋值为 1。

6.3.4 描述性统计

在数据处理方面，因为房屋市值、家庭财富、人情往来支出的数值远大于其他变量数值，在实际分析过程中将其作对数处理；年龄及家庭规模按原始数据取值；男性取值为 1，女性取值为 0；在婚姻状况方面，已婚取值为 1，否则为 0；在文化程度方面，初中及以上赋值为 1，否则为 0；对于受访者风险偏好这一变量，风险偏好程度高赋值为 1，否则为 0；"家中是否有乡村精英"也为虚拟变量，是赋值为 1，否则为 0；健康状况根据受访者的自评报告赋值 1~5；工作人数占比、少儿抚养比、老年抚养比分别是指家庭中工作人数、儿童人口数、老年人口数与家庭规模的比值。各变量描述性统计如表 6-3 所示。

表 6-3 变量描述性统计

变量名称	观测值	均值	标准差	最小值	最大值
经济获得感	1854	12.74	2.236	4	20
横向经济获得感	1854	2.950	0.694	1	5
纵向经济获得感	1854	3.626	0.838	1	5
收入公平获得感	1854	3.306	0.844	1	5
经济发展获得感	1854	2.859	1.017	1	5
金融能力	1854	69	17.01	0	100
性别	1853	0.568	0.496	0	1
年龄	1854	44.47	14.47	20	87
年龄平方项	1854	21.87	13.03	4	75.69
婚姻状况	1854	0.777	0.416	0	1
文化程度	1854	0.685	0.465	0	1
健康状况	1853	3.844	0.928	1	5
风险偏好	1846	0.302	0.459	0	1
家庭规模	1854	3.901	1.457	1	10
房屋市值	1854	11.61	3.284	0	17.31
家庭财富	1854	12.06	3.966	−14.14	14.56
乡村精英	1854	0.268	0.443	0	1
工作人数占比	1854	0.505	0.275	0	1
人情往来支出	1854	7.521	2.581	0	12.21

变量名称	观测值	均值	标准差	最小值	最大值
少儿抚养比	1853	0.130	0.170	0	1
老年抚养比	1854	0.163	0.276	0	1

6.4　实证检验与结果分析

6.4.1　金融能力与经济获得感：基准回归

首先，本节根据式（6-1）进行最小二乘法（OLS）回归，结果如表6-4所示。列（1）直接考察金融能力与经济获得感的相关关系，金融能力变量系数显著为正。列（2）控制了个体特征和家庭特征，并加入省份固定效应，发现金融能力的系数仍为正且在1%的水平上显著，表明从整体而言，金融能力的提高能够改善家庭经济状况，最终提升农村家庭的经济获得感。

考察其他控制变量的系数，从表6-4列（2）回归中可以看出，男性掌管财务的农村家庭其经济获得感更高。年龄与经济获得感存在显著的正"U"形关系，这与徐延辉等（2021）的研究结论一致。文化程度的系数不显著，即受过初中及以上教育的农民没有表现出更高的经济获得感，这正表明金融教育的角色不能被一般性的教育所替代。健康状况的系数在1%的水平上显著为正，这与赵晶晶等（2020）的研究结论一致。原因在于，身体健康状况良好的农民由于具备较强的可行能力，家庭经济状况会更好，因此经济获得感更高。此外，风险偏好程度高者的经济获得感更高，可能是因为风险偏好程度高者更容易接受新事物，即更可能参与改善家庭经济状况的活动，从而拥有更高的经济获得感。在家庭特征层面，家庭规模越大，家庭经济获得感越高，与吴怡萍等（2021）的研究结论一致。房屋市值和家庭财富显著正向影响家庭经济获得感，与预期相符，表明家庭经济状况是家庭经济获得感的基础。最后，有乡村精英的家庭其经济获得感更高，可能是因为这类家庭中有能力较强的成员，可以更好地改善家庭经济状况。

表 6-4　金融能力与经济获得感

变量名称	（1）OLS 经济获得感	（2）OLS 经济获得感	（3）OLS 金融能力	（4）2SLS 经济获得感
金融能力	0.019*** (0.003)	0.013*** (0.004)	—	0.028*** (0.009)
工具变量	—	—	0.530*** (0.027)	—
性别	—	0.181* (0.103)	0.662 (0.610)	0.213** (0.108)
年龄	—	-0.049* (0.026)	0.317** (0.139)	-0.054** (0.027)
年龄平方项	—	0.073** (0.030)	-0.645*** (0.158)	0.083*** (0.031)
婚姻状况	—	0.194 (0.162)	0.052 (0.932)	0.236 (0.171)
初中及以上	—	-0.055 (0.133)	6.522*** (0.772)	-0.163 (0.150)
健康状况	—	0.606*** (0.056)	1.335*** (0.352)	0.588*** (0.058)
风险偏好	—	0.228** (0.109)	0.457 (0.644)	0.221* (0.114)
家庭规模	—	0.085** (0.038)	-0.374* (0.217)	0.084** (0.040)
房屋市值	—	0.035* (0.018)	0.028 (0.101)	0.029 (0.020)
家庭财富	—	0.052*** (0.016)	0.373*** (0.089)	0.044** (0.018)
乡村精英	—	0.608*** (0.118)	2.137*** (0.681)	0.546*** (0.124)
工作人数占比	—	0.189 (0.213)	4.357*** (1.289)	0.080 (0.237)
人情往来支出	—	0.015 (0.025)	0.195 (0.128)	0.010 (0.026)

续表

变量名称	（1）OLS 经济获得感	（2）OLS 经济获得感	（3）OLS 金融能力	（4）2SLS 经济获得感
少儿抚养比	—	0.357	-0.448	0.314
		(0.324)	(2.052)	(0.342)
老年抚养比	—	0.224	0.749	0.353
		(0.265)	(1.494)	(0.281)
省份固定效应	未控制	控制	控制	控制
常数项	11.400***	8.104***	14.233***	7.464***
	(0.227)	(0.635)	(3.563)	(0.715)
观测值数	1854	1820	1647	1647
R^2	0.022	0.133	0.508	0.129

注：*、**、***分别表示在10%、5%、1%的水平上显著；括号内汇报的是稳健标准误。

6.4.2 内生性检验

如前文所述，式（6-1）可能存在内生性问题。因此，本书采用工具变量估计法来进行内生性分析，所选取的工具变量为"同县区同一收入水平、剔除该家庭后其他家庭平均金融能力"。首先从统计学的角度检验了"同县区同一收入水平、剔除该家庭后其他家庭平均金融能力"与"金融能力"的相关性。表6-4列（3）报告了第一阶段的回归结果。显然，工具变量与金融能力显著正相关，这是符合预期的。

利用上述工具变量进行两阶段最小二乘法（2SLS）回归，Durbin-Wu-Hausman检验（DWH检验）P值为0.063，拒绝外生性假定。认为表6-4列（4）估计结果更为准确。且在两阶段工具变量估计中，第一阶段估计的F值为447.995，说明不存在弱工具变量问题。列（4）回归结果显示，金融能力的边际效应为0.028，且在1%的水平上显著，进一步表明金融能力提高会促进家庭经济获得感的提升。

6.4.3 稳健性检验

本章使用替换代理指标的方法进行稳健性检验。参考Lusardi和Mitchell（2011）的方法，使用得分加总法重新构造金融能力指标，检验结果如表6-5列（1）～（2）所示，结果与前文一致。此外，本章还使用因子分析法重新构造经济获得感指标进行回归，结果如表6-5列（3）～（4）所示，仍与前文一致。表明本章的结果是稳健的，即金融能力能够显著提升家庭经济获得感。

表 6-5 替换代理指标法

变量名称	(1) OLS 经济获得感 （加总法）	(2) OLS 经济获得感 （加总法）	(3) OLS 经济获得感 （因子法）	(4) OLS 经济获得感 （因子法）
金融能力（加总法）	0.078***	0.042***	—	—
	(0.013)	(0.016)		
金融能力（因子法）	—	—	0.005***	0.003***
			(0.001)	(0.001)
个体特征变量	否	是	否	是
家庭特征变量	否	是	否	是
省份固定效应	未控制	控制	未控制	控制
常数项	11.621***	8.203***	-0.345***	-1.167***
	(0.197)	(0.636)	(0.054)	(0.150)
观测值数	1854	1820	1854	1820
R^2	0.020	0.131	0.025	0.143

注：*** 表示在 1% 的水平上显著；括号内汇报的是稳健标准误。

6.4.4 金融能力子指标与经济获得感：机制分析

在探究金融能力对西部农村家庭经济获得感影响的基础上，利用金融能力子指标进一步分析其中的作用机制。根据前文，金融能力包括金融知识、财务管理、金融态度和金融机会四个子指标。本书利用得分加总法构造子指标，并分别考察四个子指标和经济获得感之间的关系，结果如表 6-6 所示。金融知识对经济获得感产生正向影响，但并不显著。这可能是因为，西部地区农民面临着较为严重的外部金融机会被剥夺的问题，因此其拥有的金融知识不能充分发挥作用。财务管理能力则明显有助于提高农村家庭的经济获得感。这正体现出：对于低收入群体来说，即使没有足够的金融知识，拥有"管钱"和"用钱"的经济能力仍然可以带来家庭经济状况的改善从而提升家庭经济获得感。金融态度对经济获得感有显著正向影响。这是因为个体的主观金融态度是指导其采取金融行为的重要因素。农民的主观金融态度越好，就越有可能采取合理的经济金融行为，进而改善自身经济状况，最终带来经济获得感的提升。最后，金融机会的系数为负，但并不显著。原因可能在于，西部农村地区的数字基础设施和金融基础设施还不够完善，农民的数字能力还不足，使西部地区农民易陷入"能力鸿沟"和"数字鸿沟"。在这种情况下，金融机会并未发挥出应有的作用，导致经济获得感未获得相应的提升。

表6-6　金融能力子指标与获得感：机制分析

变量名称	（1）OLS 经济获得感	（2）OLS 经济获得感	（3）OLS 经济获得感	（4）OLS 经济获得感
金融知识	0.003 (0.025)	—	—	—
财务管理	—	0.145 *** (0.038)	—	—
金融态度	—	—	0.219 *** (0.057)	—
金融机会	—	—	—	−0.047 (0.091)
个体特征变量	是	是	是	是
家庭特征变量	是	是	是	是
省份固定效应	控制	控制	控制	控制
常数项	8.552 *** (0.631)	8.285 *** (0.624)	8.360 *** (0.621)	8.631 *** (0.630)
观测值数	1820	1820	1820	1820
R^2	0.127	0.134	0.134	0.127

注：*** 表示在1%的水平上显著；括号内汇报的是稳健标准误。

6.4.5　异质性分析：家庭财富和文化程度差异

考虑到我国西部农民群体内部也存在一些差异，农民的财富积累和文化程度不同，这会对农民的金融态度和金融行为产生影响，进而对其金融能力和经济获得感产生一定的影响。因此，本书进行了收入水平和文化程度的异质性分析[1]，回归结果如表6-7所示。从财富积累差异来看，金融能力对高财富家庭经济获得感的提升作用更明显，对低财富家庭经济获得感的影响则不显著。俗话说，"巧妇难为无米之炊"。作为一种金融资源，财

---

[1]　本章以家庭财富均值为界，将样本家庭分为两组。

富是农民参与金融活动的重要基础。财富越多的家庭越能充分运用金融能力参与金融活动，从而更易达到改善家庭经济状况的目的，因此其金融能力对经济获得感的影响效应也越大。就不同文化程度而言，与低文化程度农民相比，金融能力对经济获得感的正向影响在高文化程度农民群体中越发明显。这是因为，一般来说，更高的文化程度意味着更强的认知能力和更强的学习新事物的能力。因此高文化程度的农民更倾向于参加各类经济金融活动并在这些实践活动中运用自身金融能力，进而实现家庭经济状况的改善和经济获得感的提升。

表6-7 异质性分析——收入水平和文化程度差异

变量名称	(1) OLS 低财富组 经济获得感	(2) OLS 高财富组 经济获得感	(3) OLS 初中以下 经济获得感	(4) OLS 初中及以上 经济获得感
金融能力	0.002 (0.005)	0.014** (0.006)	0.005 (0.006)	0.019*** (0.005)
个体特征变量	是	是	是	是
家庭特征变量	是	是	是	是
省份固定效应	控制	控制	控制	控制
常数项	7.190*** (1.116)	2.830 (1.726)	8.223*** (2.143)	5.831*** (0.986)
观测值数	904	916	571	1249
R^2	0.111	0.141	0.152	0.152

注：**、***分别表示在5%、1%的水平上显著；括号内汇报的是稳健标准误。

6.5 小结

作为金融能力和获得感的理论联结，能力理论强调能力的要义是一种"积极选择和行动的实质自由"，当个体被赋予更多的选择自由时，也就获得了更多的可行能力。可行能力理论赋予了金融能力以新的内涵，能力视角下的金融能力不仅包含个体内部素养和行为方式，也包含外部环境所提供的金融机会。同时，能力理论为研究福利问题提供了新的视角，即提升人民的获得感和幸福感必须致力于最核心、最实质的人的能力提升和人的全面发展。据此，本书构建了基于能力理论的经济获得感指标，该指标体现了农民的主体性，蕴含着奋斗、共建、公平等元素，充分体现出共享的要义。

已有研究表明，金融能力可以增进家庭福利。具体而言，金融能力可以通过优化家庭金融决策、提高家庭收入和财富等禀赋水平、提升家庭消费水平和改善家庭消费结构等路径提升家庭经济获得感。在此基础上，本章采用西部农村地区实地调研数据进行实证分析，结果表明，金融能力的提高有助于家庭经济获得感的提升。由机制分析表明，财务管理能力的提高和金融态度的改善对经济获得感的提升作用尤为显著，金融知识和金融机会对经济获得感则没有显著影响，这一方面体现了"管钱"能力、信心和态度的重要性；另一方面也说明了西部农民可能面临金融机会不足的问题。异质性分析表明，金融能力对家庭经济获得感的影响存在明显的群体差异：金融能力对经济获得感的正向影响在财富积累较多、受教育年限较长的群体中更加突出。

本章的政策意义主要在于，首先，金融能力对于提升家庭经济获得感具有重要作用，因此要加强农村地区金融普及教育，尤其强化财务管理和金融态度的作用。其次，加强农村地区数字基础设施和金融基础设施的建设，缓解农村居民因缺失金融机会而损失经济福祉的问题，让农村居民能更便捷地使用金融服务来改善生活质量。最后，在推进金融教育的同时，需要加强完善农村收入分配制度和教育制度，改善农村居民资产状况，提高农村居民的受教育程度，确保金融能力对农村家庭经济获得感的提升作用能够充分实现。

第 7 章

金融能力、保险保障与家庭经济获得感

7.1 引言

参与保险保障可以提高家庭的财务韧性和金融健康水平，进而还可以提升其经济获得感。近年来，政府为构建系统完善的社会保障体系做出了许多努力。其中，从 2009 年开始试点推行的新型农村社会养老保险制度（以下简称新农保），就是一个解决农村居民养老保障问题的重要基础工程。虽然推行时间较短、养老金水平不高，新农保仍然在一定程度上改善了农村居民尤其是西部地区农村居民晚年时期的养老质量。除新农保等社会保险外，商业保险在 2014 年也被确立为社会保障体系的三大支柱之一。[①] 但我国农村居民的新农保和商业保险参与率并不高。从 2017 年中国家庭金融调查（CHFS）数据看，未参加其他社会养老保险的农村居民其新农保参与率仅为 74.62%。在缴纳新农保保费的样本中，54.11% 的农民选择了一年一百元及更低的档次。农民的商业保险参与率更低，仅有 3.93%。可见，我国农民的社会保障参与率和参与档次低，可能导致家庭财务韧性不强。若能找到制约我国农民购买新农保和商业保险的因素并以此为切入点提升农民的参保意愿，则能切实提高农民的生活保障水平，促进农村家庭获得感的提升。Driver 等（2018）的研究表明，消费者如果在理解保险产品价值的基础上对保险持信任态度，那么就更可能参与保险。而提升农民金融素养则有利于提高其对保险的认知度和信任度，进而促进其购买保险。因此，金融素养和金融能力可能是影响农村家庭保险保障参与和获得感的重要因素。

---

① 国务院关于加快发展现代保险服务业的若干意见. 中国政府网，http：//www.gov.cn/zhengce/content/2014-08/13/content_8977.htm.

基于 2019 年的调研数据，本章实证检验了农村居民金融能力对家庭经济获得感的影响，并探究保险参与的中介作用。研究发现：金融能力正向影响经济获得感，并且新农保参与和商业保险参与起部分中介作用。本章的研究有助于从金融能力角度解释我国新农保和商业保险在农村覆盖率较低的事实，探索了提升农村家庭获得感的路径。

本章结构安排如下：第二部分对金融能力和保险参与的关系以及保险的作用进行研究述评；第三部分对金融能力、保险参与和经济获得感之间的影响机理进行理论分析；第四部分是研究设计；第五部分进行实证研究；第六部分进行总结。

7.2 文献综述

7.2.1 金融素养和新农保参与

自新农保政策实施以来，许多国内学者研究了新农保购买决策的影响因素。从个体特征层面来看，新农保购买决策受年龄、性别、婚姻状态、个人收入、健康状况、受教育程度等因素的影响；从家庭特征层面来看，家庭收入、家庭劳动力数、家庭抚养比、家庭子女个数、家庭人均耕地面积等对新农保购买决策存在显著影响。此外，穆怀中等（2012）认为农民对新农保缴费和领取规则的理解也会影响其参保行为。上述对新农保购买的影响因素研究主要集中于个人和家庭层面。事实上，作为一种社会保障制度设计，新农保为农户提供的养老保障水平既取决于农户是否参保，也与农户的参保深度有密切关系，而对这两者进行选择恰恰需要投保人具备一定的金融素养。

目前，国内外研究大多关注金融素养与养老规划、养老保险之间的关系。Lusardi 和 Mitchell（2007）对比了 1992 年和 2004 年美国"婴儿潮"时期出生的同龄人群净资产状况，发现具备更高金融素养的人更愿意对老年生活进行规划，进而在退休后掌握更多财富。可见，个体金融素养越高，就越有可能制订养老规划，也越有可能合理规划未来、进行储蓄或者积累更多财富。Alessie 等（2011）、Klapper 等（2011）分别基于荷兰和俄罗斯的数据进行研究，得出与 Lusardi 等（2007）一致的结论。吴雨等（2017）和徐佳等（2019）也发现金融知识水平提高会显著推动家庭做出合理的养老规划，有养老规划的家庭更可能购买养老保险且参保水平更高。因此，金融素养正向影响养老保险购买。由于城镇职工一般是强制参与社会养老保险，因此较少文献研究城镇居民金融素养与社会养老保险参与的关系。但新农保强调农民自主参与，所以新农保的参与更可能受到金融素养和金融能力的影响。李云峰等（2020）将视角聚焦到农民，通过研究金融知识与新农保购买之间的关系发现，前者对后者确实有显著正向影响。贾立等（2021）进一步研究发现，金融素养不仅能显著促进农村家庭参与社会养老保险，还能提高其缴费水平。

7.2.2　金融能力和商业保险参与

受到金融素养影响的除了新农保参与外，还有市场化程度更高的商业保险的参与。秦芳等（2016）和孙武军等（2018）研究发现金融素养越高的家庭越有可能购买商业保险。在考察认知能力对商业保险需求的影响时，曹国华等（2020）发现金融素养在其中起部分中介作用。此外，国外学者认为保险素养是一种特殊的金融素养。Weedige 等（2019）将保险素养定义为基于潜在风险和个人情况，结合必要的知识、技能、态度和行为，做出合理的保险决策，以提高金融福祉。作为一种特殊的金融素养，保险素养可以通过影响人们对保险的信任度和利益感知直接或间接地影响其对保险的接受程度，因此保险素养的提升可以促进农民参与商业保险。

除个体知识、技能、态度要素外，金融机会对商业保险参与也会产生较大影响。互联网和数字技术的发展催生了大量的互联网保险产品，同时也可能对商业保险消费产生较大影响。从宏观层面来看，互联网保险的发展可以提高保险条款简单的险种的保险密度。从微观层面来看，互联网使用会通过降低交易成本、提升保险可得性来提高家庭商业保险参与可能性和参与程度，且该作用在弱势群体中更为突出。黄星刚等（2020）和杨碧云等（2019）虽然研究角度不同，但二者的结论均体现了金融机会在保险参与中的重要作用。李晓等（2021）发现了另一条金融机会影响商业保险参与的路径，即数字金融发展可以通过提高家庭金融素养进而促进参与家庭商业保险。

7.2.3　新农保的政策效果

首先是作为一项具有普惠性质的养老制度安排，新农保参与如何影响农村家庭收入和贫困是政府和学术界共同关心的问题。张川川等（2014）和秦昌才等（2017）分别采用中国健康与养老追踪调查（CHARLS）和中国家庭追踪调查（CFPS）数据研究发现，参与新农保可以显著地促进家庭增收，且这种促进效应在低收入家庭中更大。洪丽等（2021）认为新农保参与可以在一定程度上改善收入分配、缓解贫困，但作用比较有限，原因在于新农保的保障水平较低。提升新农保的保障水平有助于缩小养老金收入差距。从总体来看，参与新农保可以促进家庭收入增加、减少贫困发生率。

其次是关于新农保参与对农村老年人劳动供给影响的研究。张川川等（2014）利用 CHARLS 数据，发现参与新农保可以在一定程度上减轻农村老年人的劳动负担并减少其劳动供给。但是当区分不同群体时，这一影响有所不同。张征宇等（2021）采用同样的数据发现参与新农保对低劳动供给群体的劳动供给有抑制作用，对高劳动供给群体的劳动供给则有促进作用。吴海青（2020）等考虑时滞效应后发现，参与新农保对 60 岁以下中老年人和高收入群体劳动供给的抑制效应更为明显。当区分不同劳动类型时，秦聪等（2021）发现相比于非农业劳动供给，参与新农保对农业劳动供给的抑制作用更大。

再次是关于参与新农保对储蓄和消费的影响研究。部分研究发现领取新农保可以显著降低 60 岁以上老年农民的储蓄率并促进其消费。张芳芳等（2017）和王天宇等（2017）发现投保和领取新农保均可促进家庭非耐用品和必需品消费水平的提升。进一步细分消费类型和参保群体，黄宏伟等（2018）发现领取新农保仅对低收入家庭的生存型消费有显著促进作用。从家庭规模来看，参与新农保对独居老人家庭和三代同住家庭的消费影响不同。领取新农保分别提升了前者的食物支出和后者的教育支出。周广肃等（2020）从消费不平等的角度出发，认为推行新农保可以有效减少农村的消费不平等程度。

最后是关于参与新农保对健康和主观福利的影响。张晔等（2016）发现领取新农保一方面会改善农村老年人的身体健康状况，另一方面也会提升其生活满意度。钱文荣等（2020）发现领取新农保会增加农村老年人的健康消费、代际支持和隔代照料，对其生理和心理产生积极作用，进而提升其健康水平。从主观福利角度，王震等（2021）的研究表明参与新农保可以促进农民心理健康并提升其生活满意度。易定红等（2021）发现参与新农保可以提升农村居民对未来生活的信心。从影响机制来看，参与新农保会通过财富效应、劳动—闲暇替代效应和健康效应对农村老年人的幸福感产生显著正向影响。

总的来讲，已有文献普遍认为，无论是新农保投保还是新农保领取，均会对农民个体及家庭的收入、闲暇消费、普通商品消费、健康和幸福感产生显著的积极影响。但新农保的低保障水平也在一定程度上限制了这种积极影响。要提升保障水平，农民需要提高新农保缴费水平，这对农民的金融能力提出了更高要求。

7.2.4 新农合的政策效果

已有文献并未就新农合参与如何影响农民医疗负担达成一致。部分学者认为新农合会降低农民的医疗负担。伍再华等（2018）从家庭因病借贷的角度出发，研究发现新农合能缓解健康冲击对家庭借贷行为的不良影响。黄晓宁等（2016）运用中国健康与营养调查（CHNS）1989—2011年9次抽样调查数据研究发现，新农合会显著降低家庭医疗负担，并且这一效应在中西部地区更为显著。也有学者认为新农合并未显著降低农民医疗负担甚至会加重其医疗负担。方黎明等（2013）通过考察发现农民在参与新农合后其医疗负担虽能得到一定程度的减轻，但其灾难性医疗支出[1]较多，医疗负担仍然较重。同样地，陈在余等（2016）对灾难性医疗支出重新定义后，也得出新农合不能显著降低农民灾难性医疗支出发生率和发生强度的结论。Wagstaff等（2009）发现新农合并没有显著降低农民门诊和住院的医疗支出，因此没有降低其医疗负担。可能原因是新农合提高了医疗服务的利用率、促进人们使用更昂贵的医疗服务。丁锦希等（2012）研究发现新农合报销比例会显著正向影响农民一般疾病就医的医疗负担，对大病就医的医疗负担则无显著影响。

另外，一些研究从新农合参与对医疗服务利用、健康和贫困影响的角度，侧面揭示新农合的福利效应。Wagstaff等（2009）和李湘君等（2016）认为新农合会提高门诊和住院医疗服务的利用率。黄晓宁等（2016）、李湘君等（2016）、彭晓博等（2017）和郑适等（2017）均认为新农合参与可以提高农民健康水平。齐良书（2011）和陈华等（2017）从收入角度进行考察，发现新农合有明显的减贫效应。吴本健（2018）发现以摄取的食物热量作为贫困线标准时，新农合缓解贫困的效果较好；以收入为贫困线标准时，新农合的减贫效果会被掩盖。方迎风等（2016）发现相对短期来看，新农合更能在长期中通过减少健康冲击下的儿童辍学、提高居民收入、降

---

① 根据世界卫生组织关于家庭"灾难性医疗支出"的定义，一个家庭强制性医疗支出大于或者超过家庭一般消费的40%，就被认为出现了灾难性医疗支出。

低医疗支出等渠道减少农民因病致贫的现象。鲍震宇等（2018）发现新农合的门诊统筹保险不具有减贫作用，住院统筹保险可显著降低贫困发生率。[①] 最后，霍灵光等（2017）对新农合参与与农民幸福感之间的关系进行了研究，发现前者对后者的影响并不显著。

已有研究普遍认为参与新农合对农民健康和贫困减缓具有积极作用，但并未就新农合如何影响医疗负担达成一致。如果报销比例较低，那么新农合对减轻医疗负担的作用非常有限。但可喜的是，自2003年新农合推出之后，我国基本医疗保险的住院费用报销水平逐年提升，到2018年已达到55.4%。[②] 这不仅意味着部分农民的医疗保障从无到有，还意味着他们得到的医疗保障在逐渐增强。新农合提高了医疗服务的利用率，促使农民使用更好医疗服务，从而有利于改善农民的健康水平，但部分农民也可能因此承受更重的医疗负担。

7.2.5　商业保险与民生

虽然新农保和新农合覆盖范围广，但其不以营利为目的，且收取的保费低，因此它们只能为农民提供基本的经济保障。人口结构和赡养率的变化使得我国城镇职工养老金缺口越来越大，预计到2029年会首次出现收不抵支的情况。同理可知，随着农村老龄化程度加深，新农保也可能面临收不抵支的问题。此外，农民多以种植、出售农作物为生计，同时面临自然风险和市场风险，对风险管理有着特殊需求。保障水平低、社保基金结余的不确定性以及农民特殊的风险管理需求使得农村家庭保障类需求的缺口逐步放大。弥补这一缺口的重要途径之一就是发展商业保险。

已有研究较为关注商业保险与消费之间的关系，普遍认为前者对后者的影响能给人们带来福利。收入不确定性会增加人们的预防性储蓄。商业保险则可以通过降低家庭面临的不确定性进而降低储蓄，显著促进城乡居民的消费。将消费分为刚性消费和非刚性消费后，发现长期中商业保险可以有效降低居民的刚性消费，说明商业保险可以增加人们对非必需品的消费，也就可以满足人们更高层次的需求。

---

① 鲍震宇，赵元凤．农村居民医疗保险的反贫困效果研究——基于PSM的实证分析［J］．江西财经大学学报，2018（1）：90-105.

② 我国城乡居民医疗卫生服务可及性提高——《全国第六次卫生服务统计调查报告》发布，中国国家卫生健康委员会 http：//www.nhc.gov.cn/cms-search/xxgk/getManuscriptXxgk.htm？id=0838723e3f3a4adb835d970abd551665.

对部分农民来说，与满足其消费需求相比，防止返贫更为重要。关于政府保障性扶贫保险机制，已有较多研究成果，然而学术界对商业保险机制关注较少，但实践证明它也可以阻断返贫。汤晋等（2021）研究发现商业保险支出越多，农村家庭面临的风险越小，因此也越不容易陷入多维贫困。目前，农村地区较为流行的商业保险当属兼具市场性和政策性的普惠保险①。这类保险可以通过增强农村家庭风险处置能力来降低其贫困脆弱性。此外还有研究表明，商业保险可以显著提升居民幸福感。无论是满足消费需求还是防止返贫，抑或是增强幸福感，商业保险都发挥了让农民有所获得的作用。由此可见，商业保险是保证家庭财务安全和福利的关键，具有强大的民生保障功能。

7.3 理论分析与研究假设

7.3.1 金融能力对家庭经济获得感的影响

一方面，金融能力的提升与一系列良好的金融决策或财务状况有关，包括参与商业保险、进行养老规划、参与金融市场、降低家庭债务负担、降低家庭金融脆弱性等。这意味着具备较强金融能力的农民能更加有效地管理家庭资金、提高金融福祉，从而家庭能拥有更多经济方面的实际获得，如收入、保障等。另一方面，金融能力可以提高家庭的财务满意度，这表明具备较强金融能力的家庭在"经济获得"的基础上持有更积极的主观感受。更丰富的实际经济获得叠加更积极的主观感受就形成了更强烈的经济获得感。基于以上分析，本章提出假设1。

假设1：金融能力正向影响家庭经济获得感。

7.3.2 金融能力对家庭保险参与的影响②

Kunreuther等（1984）将保险参与分为三个阶段：首先，消费者要认识到风险管理的重要性；其次，消费者要意识到保险是一种有效的风险管理

---

① 普惠保险主要包括农业保险、小额养老保险、小额健康保险、小额意外保险、小额贷款保险、农业大灾风险保险。

② 根据《2020年全国基本医疗保障事业发展统计公报》，我国基本医疗保险参保率多年维持在95%以上，基本实现了全覆盖，由此可推知新农合参与不太受金融能力的影响，故不再对金融能力与新农合参与之间的关系做出分析。

工具；最后，消费者要搜寻并分析保险产品的相关信息，最终做出投保决策。可见，这个过程要求消费者具备一定的金融能力。本书界定的金融能力内涵丰富，是金融知识、财务管理、金融态度与金融机会的有机结合。

从知识和财务管理层面来看，较高的金融能力意味着较强的风险识别能力、冲击应对能力、保费计算能力、保险条款理解能力。农民在生产生活中面临养老费用不足、因病致贫、自然灾害、农产品市场价格波动等诸多风险，能准确识别并应对这些风险的农民越有可能意识到保险的风险管理价值。但仅仅意识到保险的价值还不够，对保险缺乏了解也可能导致农户参保率偏低。一定的保费计算能力和保险条款理解能力可以让农民更加正确地认识和理解保险产品，进而根据自身需求参保。

从态度层面来看，较高的金融能力意味着对经济金融信息的较高关注度、较强的风险管理意识以及对正规金融产品的较高信任度。Memarista 等（2018）运用计划行为理论解释购买保险的心理驱动因素，研究表明对保险持积极态度的个体更有可能购买保险。具体来看，对经济金融信息的关注度越高，居民参与风险金融市场和社会养老保险的可能性越大。同样地，对风险、保险等信息的高关注度可能也会让农民有更高的参保积极性。新冠疫情暴发对保险业的影响则证明了风险管理意识对保险参与的重要性：我国健康险业务得益于疫情冲击下人们的健康保障意识增强，2020 年实现的原保险保费收入总额较上年增长 25.66%，增速明显高于寿险、产险、意外险等大类险种。① 另一个影响保险参与决策的重要因素是信任。信任可以分为社会信任和金融信任。社会信任度和金融信任度均会正向影响农村家庭的保险参与。本书认为对正规保险产品的信任既是一种金融信任，又是一种金融能力。它可以被定义为消费者对保险人会履行消费者所理解的合同义务的一种主观信念。显然，对正规保险产品信任度的增加会提高农民参与保险的意愿。

从机会层面来看，较高的金融能力意味着较高的金融产品可获得性以及更低的交易成本。如前所述，农民面临许多风险，有巨大的保险需求。由于信息严重不对称、农民收入低、农业生产风险大等原因，农业保险等专门面向农民的商业保险业务发展缓慢。意外险、健康险等面向所有城乡居民的商业保险业务在农村展业困难，普及率也不高。总体来说，农民的

---

① 李致鸿. 中国内地已有 3 亿人购买长期人身险保单，被保险人接近 6 亿 [N]. 21 世纪经济报道, 2021-12-22 (008).

保险可及性较低，导致长期以来农民保险参与不足。此外，Andrew 等（2019）指出弱势群体参与保险保障的另一个阻碍是交易成本。降低交易成本可以促进保险参与。基于以上论点，本章提出假设 2、假设 3。

假设 2：金融能力正向影响家庭新农保参与。

假设 3：金融能力正向影响家庭商业保险参与。

7.3.3 新农保参与对家庭经济获得感的影响

正如已有的养老金相关研究所显示，对于正在参与新农保缴费的农民，参保可以让他们在 60 岁之后获得一笔稳定的现金流，从而降低其当期储蓄需求和预算约束，提高其消费水平。对于已经在领取养老金的农民，参与新农保可以提高他们的当期收入和未来收入，并且可以提升其消费水平和经济独立性。可见，参保者在领取养老金前后两个阶段均能有更多实际获得。作为经济获得感的基础，实际获得的增多必定会带来经济获得感的提升。

农村居民与城镇居民的重要区别之一是他们的工作性质不同。城镇居民大多从事被雇用的工作，有特定的退休时点。农村居民主要从事农业生产，其劳动供给年限并无明确的退休制度约束。此外，城镇居民退休后的生活可由养老金支撑，所以城镇居民在退休后有条件消费更多闲暇。新农保政策实施前，大多数农民没有养老保障，因此在老年时期不得不继续劳动。新农保政策实施后，农村老年人的劳动供给在一定程度上有所减少。这意味着参保老人可以更自由地分配时间，进而其经济获得感也会得到提升。基于以上分析，本章提出假设 4。

假设 4：参与新农保能够提高家庭经济获得感。

7.3.4 商业保险参与对家庭经济获得感的影响

商业保险的主要作用是通过将个人风险转移给保险公司，来帮助减轻不利事件造成的财务负担。当风险发生时，参保农民可以得到保险公司的赔偿或给付，这是未参保农民无法得到的一种"实际经济获得"，因此在这种情况下，参保家庭的经济获得感会更高。即便损失暂未发生，农民在参与商业保险前后的消费行为、对未来的态度也是不同的。参保后农民因预防性储蓄需求减少而更可能实现消费升级，同时也会因返贫概率减小而更可能对家庭经济状况持较强信心，这些均会提升其经济获得感。基于以上分析，本章提出假设 5。

假设5：参与商业保险能够提高家庭经济获得感。

7.3.5 保险保障在金融能力影响家庭经济获得感中的中介作用

提升农民获得感和幸福感不仅需要政府的支持，更需要农民自身可行能力的发挥。在当前数字化和金融化的时代背景下，金融能力对提升农村家庭经济获得感显得尤为重要。在利用保险保障提升经济获得感的过程中，农民需要对未来可能发生的收支做出预期并能够有效地运用信息制订计划，其中就包括是否参与保险、参加何种保险等决策。可见，保险保障的决策过程要求家庭具备一定的金融能力。金融能力更高的个体具备更好的利率计算、通胀理解和风险识别能力，并能对自身当前和未来的收支情况做出更好的评估。对于农村居民而言，参与保险是利用金融产品应对未来收入不确定风险、财产损失风险和意外风险的重要体现。因此，具备更高金融能力能够使农民更好地利用适当的保险工具来规避风险和未来的不确定性，实现整个生命周期的平滑和家庭经济获得感的提升。因此，本书认为金融能力对于农村家庭经济获得感有重要影响，且保险参与在该影响路径中起中介作用。基于以上分析，本章提出假设6、假设7。

假设6：新农保参与在金融能力对家庭经济获得感影响中起中介作用。

假设7：商业保险参与在金融能力对家庭经济获得感影响中起中介作用。

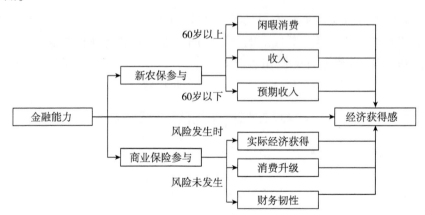

图7-1 金融能力影响经济获得感的保险保障路径

7.4　实证策略和数据

7.4.1　实证模型设定

在理论分析后，本书聚焦金融能力、保险保障参与和家庭经济获得感两两之间的实证关系。用 eco_gain 表示经济获得感，FC 表示金融能力，$Pension$ 表示是否参与新农保，Ins 表示是否参与商业保险，据此可以得到如下实证模型：

$$eco\_gain = \alpha_1 + \beta_1 FC + \delta_1 X_1 + \varepsilon_1 \tag{7-1}$$

$$Pension = \alpha_2 + \beta_2 FC + \delta_2 X_2 + \varepsilon_2 \tag{7-2}$$

$$Ins = \alpha_3 + \beta_3 FC + \delta_3 X_3 + \varepsilon_3 \tag{7-3}$$

$$eco\_gain = \alpha_4 + \beta_4 Pension + \delta_4 X_2 + \varepsilon_4 \tag{7-4}$$

$$eco\_gain = \alpha_5 + \beta_5 Ins + \delta_5 X_3 + \varepsilon_5 \tag{7-5}$$

在模型中，X_1 表示个体和家庭特征变量。除前述控制变量外，X_2 中添加了"是否参与其他社会养老保险"这一变量。X_3 还包括"是否参与新农保""是否参与新农合"以及"是否参与其他社会医疗保险"三个变量，ε 表示随机扰动项。在估计模型时，引入了省份虚拟变量以控制区域异质性。

7.4.2　内生性考量

本书主要考虑式（7-1）、式（7-2）、式（7-3）的内生性问题。这三个模型中可能存在遗漏变量。因为不同农民的综合能力往往有差别，这不但影响其金融能力和保险保障参与，也影响其经济获得感，而且这类因素难以被度量。反向因果问题也可能存在，比如，购买保险的家庭会自发主动地去了解所购买的产品，在这一过程中能够学习到更多经济金融知识，提高自身金融能力。因此，本书采用工具变量法进行内生性检验。参照 Disney 和 Gathergood（2011）、秦芳等（2016）、吴雨等（2017）以"上学期间是否上过经济金融类课程"为工具变量的做法，结合调研问卷的设置，并考虑到"村庄/镇开展金融普及教育情况"比"上学期间是否上过经济金融类课程"更为外生，本章选择"村庄/镇开展金融普及教育情况"为工具变量。

7.4.3　变量

（1）被解释变量。被解释变量是经济获得感。具体包括横向经济获得感、纵向经济获得感、经济发展获得感、收入公平获得感。

（2）核心解释变量。核心解释变量是金融能力。金融能力包含金融知识、财务管理、金融态度和金融机会四个维度。

（3）保险保障相关变量[①]。若受访家庭购买了新农保，则将"新农保"赋值为1，否则为0。"商业保险""其他社会养老保险""新农合"以及"其他社会医疗保险"也采取同样的赋值方法。

（4）其他控制变量。借鉴已有研究成果，本章选取以下控制变量：性别、年龄、婚姻状态、文化程度、风险偏好反映受访者个体特征；家庭规模、房屋市值、家庭财富、家中是否有乡村精英[②]、工作人数占比、健康人数占比、少儿抚养比、老年抚养比、是否创业、人情往来支出和受访者及配偶的兄弟姐妹数量反映家庭特征。

7.4.4 描述性统计

数据处理方面，因为房屋市值、家庭财富、人情往来支出的数值远大于其他变量数值，在实际分析过程中将其作对数处理；年龄、家庭规模、兄弟姐妹数量等按原始数据取值；男性取值为1，女性取值为0；婚姻状态以已婚为基准，分别设置未婚、离异、丧偶三个变量；文化程度为小学、初中、高中及以上的分别赋值为2、3、4，如果未上过学，则赋值为1；对于受访者风险偏好这一变量，风险偏好程度高赋值为1，否则为0；除风险偏好外，"家中是否有乡村精英"和"是否创业"也均为虚拟变量，"是"赋值为1，否则为0；工作人数占比、健康人数占比、少儿抚养比、老年抚养比分别是指家庭中工作人数、健康人数、儿童人口数、老年人口数与家庭规模的比值。描述性统计详见表7-1、表7-2。

表 7-1 总体性统计

变量名称	观测值	均值	标准差	最小值	最大值
经济获得感	1853	12.74	2.236	4	20
金融能力	1853	69.01	17.01	0	100

① 2014年2月，新农保与城镇居民养老保险并轨，两者合称城乡统一居民社会养老保险，故本书将参加了城乡统一居民社会养老保险的农村居民也视作"已参与新农保"；其他社会养老保险包括政府/事业单位退休金、城镇职工基本养老保险金和其他；同理，新农合包括新型农村合作医疗保险、城乡居民基本医疗保险；其他社会医疗保险包括城镇职工基本医疗保险、大病医疗统筹和其他。

② 乡村精英通过受访者家庭中是否有党员或村干部来衡量，都没有则赋值为0，否则赋值为1。

续表

变量名称	观测值	均值	标准差	最小值	最大值
金融能力（加总法）	1853	14.30	4.028	1	21
新农保	1853	0.749	0.434	0	1
商业保险	1853	0.275	0.446	0	1
其他社会养老保险	1853	0.165	0.371	0	1
新农合	1853	0.953	0.212	0	1
其他社会医疗保险	1853	0.127	0.333	0	1
年龄	1853	44.48	14.47	20	87
年龄平方项	1853	21.88	13.03	4	75.69
未婚（已婚=0）	1853	0.171	0.376	0	1
离异（已婚=0）	1853	0.025	0.157	0	1
丧偶（已婚=0）	1853	0.028	0.164	0	1
文化程度	1852	2.990	0.902	1	4
风险偏好	1845	0.301	0.459	0	1
家庭规模	1853	3.903	1.444	1	9
房屋市值	1853	11.61	3.285	0	17.31
家庭财富	1853	12.06	3.967	−14.14	14.56
乡村精英	1853	0.268	0.443	0	1
工作人数占比	1853	0.505	0.276	0	1
健康人数占比	1853	0.859	0.244	0	1
少儿抚养比	1853	0.129	0.169	0	0.750
老年抚养比	1853	0.163	0.276	0	1
创业	1853	0.353	0.478	0	1
人情往来支出	1853	7.522	2.581	0	12.21
兄弟姐妹数量	1853	4.621	3.131	0	20

表7-2　分组描述性统计

变量名称	低经济获得感			高经济获得感		
	观测值	平均值	标准差	观测值	平均值	标准差
金融能力	810	66.84	17.21	1043	70.69	16.66
金融能力（加总法）	810	13.81	4.069	1043	14.69	3.956
新农保	810	0.707	0.455	1043	0.781	0.413
商业保险	810	0.243	0.429	1043	0.299	0.458

变量名称	低经济获得感			高经济获得感		
	观测值	平均值	标准差	观测值	平均值	标准差
其他社会养老保险	810	0.162	0.368	1043	0.168	0.374
新农合	810	0.960	0.195	1043	0.947	0.224
其他社会医疗保险	810	0.116	0.320	1043	0.135	0.342

表7-2给出了经济获得感不同程度下金融能力和保险参与变量的描述性统计结果。样本家庭经济获得感处于均值以上的有1043户，处于均值以下的有810户。从金融能力变量来看，经济获得感低的家庭其金融能力均值为66.84，低于高经济获得感家庭的均值70.69，初步显示了金融能力和经济获得感之间的正相关关系。从保险保障变量来看，高经济获得感家庭的新农保参与率和商业保险参与率都要高于低经济获得感家庭。

7.5 实证检验与结果分析

7.5.1 金融能力与家庭经济获得感

本章首先考察金融能力与家庭经济获得感之间的关系，回归结果见表7-3。列（1）、列（2）分别是未加入和加入控制变量的结果，显示金融能力显著正向影响经济获得感，验证了假设1。模型在实证过程中可能还存在内生性问题，因此采用工具变量法进行内生性检验。所选工具变量为"村庄/镇开展金融普及教育情况"。一阶段估计F值为12.16，大于10，不存在弱工具变量问题。Durbin-Wu-Hausman检验（DWH检验）P值小于0.001，拒绝外生性假定，认为使用工具变量得到的结果更为准确。修正内生性偏误后，列（4）结果表明金融能力依然显著正向影响经济获得感，回归系数的绝对值较之前更大，进一步支持了假设1。本章采用替换指标法进行稳健性检验。列（5）、列（6）分别使用加总法金融能力指标和因子法经济获得感指标进行回归，结果表明金融能力对经济获得感的积极作用是稳健的。

表 7-3 金融能力与经济获得感

变量名称	(1) OLS 经济获得感	(2) OLS 经济获得感	(3) OLS 金融能力	(4) 2SLS 经济获得感	(5) OLS 经济获得感	(6) OLS 经济获得感 (因子法)
金融能力	0.019*** (0.003)	0.016*** (0.004)		0.259*** (0.083)		0.004*** (0.001)
金融教育			2.462*** (0.701)			
金融能力 (加总法)					0.058*** (0.017)	
个体特征变量	否	是	是	是	是	是
家庭特征变量	否	是	是	是	是	是
省份固定效应	未控制	控制	控制	控制	控制	控制
常数项	11.401*** (0.227)	9.756*** (0.864)	18.137*** (4.840)	5.230** (2.034)	9.852*** (0.862)	-0.820*** (0.203)
观测值数	1853	1844	1842	1842	1844	1844
R²	0.022	0.094	0.404		0.092	0.103

注：*、**、*** 分别表示在 10%、5%、1%的水平上显著；括号内汇报的是稳健标准误。

7.5.2 机制分析

（1）金融能力、保险保障参与和经济获得感

其次考察金融能力、新农保参与和经济获得感的关系，结果见表 7-4。列（1）显示，在控制个体特征、家庭特征和省份固定效应后，金融能力对新农保参与似乎没有正向影响。分析认为，新农保是一种保险产品，了解并购买新农保要求消费者具备一种更为特别的金融能力——保险素养，即并非所有类型的金融能力都会促使农民参与新农保。因此本书进一步检验金融能力各个子指标[①]对新农保参与的影响。截至 2020 年，西部地区农民仍主要通过村干部宣传在线下购买新农保，且新农保的保费可由村委会统一收取，所以本书认为金融机会维度中的触网机会、银行账户和银行网点距离在理论上不会对新农保参与产生影响。因此仅用前三个子指标验证金融能力与新农保参与之间的关系，结果表明只有金融态度可以显著促进农

---

① 金融能力各个子指标的构建采用的是得分加总法。

民参与新农保。由于金融态度是金融能力中的一个维度，因此回归结果仍然证明了金融能力可以提升农民的新农保参与意愿，从而验证了假设2。列（5）汇报了新农保参与对经济获得感的影响，回归系数显著为正，表明新农保参与可以在很大程度上提升家庭经济获得感。假设4得到证明。因此，列（1）~（5）的结果反映金融能力可以通过影响新农保参与进而影响家庭经济获得感。

表7-4 金融能力、新农保参与和经济获得感

变量名称	（1）OLS 新农保	（2）OLS 新农保	（3）OLS 新农保	（4）OLS 新农保	（5）OLS 经济获得感
金融能力	0.000 (0.001)	—	—	—	—
金融知识	—	0.000 (0.005)	—	—	—
财务管理	—	—	0.005 (0.007)	—	—
金融态度	—	—	—	0.027** (0.011)	—
新农保	—	—	—	—	0.466*** (0.130)
个体特征变量	是	是	是	是	是
家庭特征变量	是	是	是	是	是
省份固定效应	控制	控制	控制	控制	控制
常数项	0.254* (0.151)	0.260* (0.150)	0.257* (0.150)	0.258* (0.150)	9.929*** (0.865)
观测值数	1844	1844	1844	1844	1844
R^2	0.152	0.152	0.152	0.155	0.093

注：*、**、***分别表示在10%、5%、1%的水平上显著；括号内汇报的是稳健标准误。

接下来本章试图检验金融能力、商业保险参与和经济获得感的关系，结果见表7-5。列（1）显示金融能力对商业保险参与有显著正向影响，由此假设3得到验证。列（2）~（6）反映的是商业保险参与对经济获得感的影响。其中，商业保险参与对整体经济获得感的影响不显著。这可能是因为，在未达到合同中约定的（理赔）条件时，农民因为商业保险的高保费感到有财务负担；在达到合同中约定的（理赔）条件时，农民在获得保险

理赔或给付时也承受了损失，这两种情况都会部分抵消商业保险带来的获
得感，使得本书的回归系数不显著。列（3）表明商业保险参与会对横向经
济获得感产生显著正向影响，相较于未参与商业保险的家庭，参保家庭在
一定程度上将风险转移给保险公司，从而对未来经济状况保持较高的信心，
拥有更高的经济获得感，假设5得到证明。但是其对经济获得感的影响效应
不如新农保，这是因为商业保险的普惠性较低。综上而言，表7-5列（1）~
（6）反映金融能力可以通过商业保险参与渠道影响经济获得感。

表 7-5　金融能力、商业保险参与和经济获得感

变量名称	（1）OLS 商业保险	（2）OLS 经济获得感	（3）OLS 横向经济获得感	（4）OLS 纵向经济获得感	（5）OLS 经济发展获得感	（6）OLS 收入公平获得感
金融能力	0.002 **	—	—	—	—	—
	(0.001)					
商业保险	—	0.143	0.148 ***	0.017	−0.079	0.058
		(0.116)	(0.034)	(0.047)	(0.055)	(0.046)
个体特征变量	是	是	是	是	是	是
家庭特征变量	是	是	是	是	是	是
省份固定效应	控制	控制	控制	控制	控制	控制
常数项	−0.192	10.259 ***	1.910 ***	3.577 ***	2.440 ***	2.332 ***
	(0.168)	(0.908)	(0.269)	(0.335)	(0.397)	(0.333)
观测值数	1844	1844	1844	1844	1844	1844
R^2	0.075	0.094	0.133	0.037	0.049	0.060

注： ** 、 *** 分别表示在 5%、1% 的水平上显著；括号内汇报的是稳健标准误。

（2）内生性检验

模型在实证过程中可能还存在内生性问题，这部分问题产生的原因在
于，购买保险的家庭会自发主动地去了解所购买的产品，在这一过程中会
学习到更多经济金融知识，提高自身金融能力，从而可能会高估金融能力
对家庭保险保障参与和经济获得感的影响。因此选择"村庄/镇开展金融普
及教育情况"作为受访者金融能力的工具变量对上述模型进行检验，结果
见表7-6，修正内生性偏误后，金融能力依然显著正向影响农民的新农保参
与和商业保险参与。表明金融能力可以通过促进农民参与新农保和商业保
险进而使其经济获得感提高，进一步支持了本书的假设。

表 7-6　内生性检验

变量名称	(1) OLS 金融能力	(2) 2SLS 新农保	(3) 2SLS 商业保险
金融教育	2.462*** (0.701)	—	—
金融能力	—	0.031*** (0.012)	0.045*** (0.016)
个体特征变量	是	是	是
家庭特征变量	是	是	是
省份固定效应	控制	控制	控制
常数项	18.137*** (4.840)	-0.340 (0.295)	-1.008** (0.400)
观测值数	1842	1842	1842
R^2	0.404	—	—
第一阶段 F 值	—	13.25	11.86

注：**、***分别表示在5%、1%的水平上显著；括号内汇报的是稳健标准误。

（3）稳健性检验

本章采用替换代理指标法检验上述结果的稳健性。对于和新农保参与相关的检验，将被解释变量替换为因子法经济获得感来进行稳健性检验；对于和商业保险参与相关的检验，将核心解释变量替换为加总法金融能力来进行稳健性检验，[①] 结果见表7-7。回归结果显示，金融能力、保险保障参与和家庭经济获得感之间的关系均与前文相吻合。

---

① 采用两种替换代理指标的原因在于，金融能力中仅有金融态度对新农保参与的影响是显著的，而前述金融态度的构建采用的是得分加总法，再用得分加总的金融态度来验证金融能力和新农保参与的关系并无太大意义。因此，对于和新农保参与相关的检验，本部分将被解释变量替换为因子法经济获得感来进行稳健性检验。同理，对于和商业保险参与相关的检验，本部分将核心解释变量替换为加总法金融能力来进行稳健性检验。

表 7-7　替换代理指标法

变量名称	（1）OLS 新农保	（2）OLS 经济获得感 （因子法）	（3）OLS 商业保险	（4）OLS 横向经济 获得感
金融态度	0.027** (0.011)	—	—	—
新农保	—	0.107*** (0.031)	—	—
金融能力（加总法）	—	—	0.012*** (0.003)	—
商业保险	—	—	—	0.148*** (0.034)
个体特征变量	是	是	是	是
家庭特征变量	是	是	是	是
省份固定效应	控制	控制	控制	控制
常数项	0.258* (0.150)	-0.773*** (0.203)	-0.202 (0.166)	1.910*** (0.269)
观测值数	1844	1844	1844	1844
R^2	0.155	0.100	0.079	0.133

注：*、**、***分别表示在10%、5%、1%的水平上显著；括号内汇报的是稳健标准误。

7.5.3　进一步分析：中介效应检验

本书采用温忠麟和叶宝娟（2014）提出的中介效应检验方法。中介效应检验方程如下：

$$eco\_gain = cFC + e_1 \tag{7-6}$$

$$M = aFC + e_2 \tag{7-7}$$

$$eco\_gain = c'FC + bM + e_3 \tag{7-8}$$

检验步骤如下：①第1步检验式（7-6）中的系数 c，如果显著，则中介效应成立，并进行后续检验；②第2步依次检验式（7-7）中的系数 a 和式（7-8）中的系数 b，如果两个都显著，则意味着间接效应显著，并进行第4步检验。如果至少1个不显著，则进行第3步检验；③第3步用 Bootstrap 法直接检验原假设：$ab = 0$，如果显著，则间接效应显著，进行第4步。否则停止分析；④第4步检验式（7-8）中的系数 c'，如果不显著，则直接效应不显著，表明模型只存在中介效应，如果显著，则需要进行下一步检验；⑤第5步比较 ab 和 c' 的符号，如果符号一致，则意味着存在部分中介效应，并汇报中介效应占总效应的比例 ab/c。[①]

根据理论分析，金融能力提升可以带来经济获得感的提高，其原因可能在于保险保障可以给农民带来安全感和福利。这里的潜在含义是金融能力越高的农民其保险素养也越高，因此越有可能购买保险，从而拥有更多对未来的信心，这也正是建立社会保障体系的目标之一。为了验证该假设，本书采用中介效应来进行机制检验。由于前文结果表明只有金融态度可以正向影响农民新农保参与，因此此处分别检验新农保参与在金融能力和金融态度影响经济获得感路径中的作用，检验结果见表7-8。在金融能力、新农保参与和经济获得感的机制检验中，a 不显著，因此用 Bootstrap 法直接检验原假设：$ab=0$，结果不拒绝原假设。列（3）~（5）表明，新农保参与在金融态度影响经济获得感的路径中起到了显著的部分中介作用。并且，中介效应占总效应的比例为4.49%。由于金融态度是金融能力中的一个维度，因此这仍然表明金融能力可以通过提升农民新农保参与意愿来增强其经济获得感，证明了假设6。

表7-8　金融能力、新农保参与和经济获得感

变量名称	（1）OLS 新农保	（2）OLS 经济获得感	（3）OLS 经济获得感	（4）OLS 新农保	（5）OLS 经济获得感
金融能力	0.000	0.016***	—	—	—
	(0.001)	(0.004)			
金融态度	—	—	0.262***	0.027**	0.251***
			(0.057)	(0.011)	(0.057)
新农保	—	0.461***	—	—	0.436***
		(0.130)			(0.129)
个体特征变量	是	是	是	是	是
家庭特征变量	是	是	是	是	是
省份固定效应	控制	控制	控制	控制	控制
常数项	0.254*	9.614***	10.024***	0.258*	9.911***
	(0.151)	(0.859)	(0.863)	(0.150)	(0.856)

---

① 温忠麟，叶宝娟．中介效应分析：方法和模型发展［J］．心理科学进展，2014，22（5）：731-745．

续表

变量名称	(1) OLS 新农保	(2) OLS 经济获得感	(3) OLS 经济获得感	(4) OLS 新农保	(5) OLS 经济获得感
观测值数	1844	1844	1844	1844	1844
R^2	0.152	0.102	0.096	0.155	0.102

注：*、**、***分别表示在10%、5%、1%的水平上显著；括号内汇报的是稳健标准误。

由于前文结果表明商业保险参与对横向经济获得感产生的影响较大，因此接下来本章将同时检验商业保险参与在金融能力影响经济获得感和横向经济获得感的路径中的作用（见表7-9）。

在金融能力、商业保险参与和经济获得感的机制检验中，b不显著，因此用Bootstrap法直接检验原假设：$ab=0$，结果不拒绝原假设。在金融能力、商业保险参与和横向经济获得感的机制检验中，a、b、c、c'均显著，说明商业保险参与在金融能力影响横向经济获得感的路径中起到了部分中介作用，即金融能力可以通过促进商业保险参与提升农民横向经济获得感，中介效应占总效应的比例为3.89%，验证了假设7。

表7-9　金融能力、商业保险参与和经济获得感

变量名称	(1) OLS 商业保险	(2) OLS 经济获得感	(3) OLS 横向经济获得感	(4) OLS 商业保险	(5) OLS 横向经济获得感
金融能力	0.002** (0.001)	0.016*** (0.004)	0.007*** (0.001)	0.002** (0.001)	0.007*** (0.001)
商业保险	—	0.116 (0.116)	—	—	0.136*** (0.034)
个体特征变量	是	是	是	是	是
家庭特征变量	是	是	是	是	是
省份固定效应	控制	控制	控制	控制	控制
常数项	-0.192 (0.168)	9.943*** (0.903)	1.750*** (0.269)	-0.192 (0.168)	1.776*** (0.269)
观测值数	1844	1844	1844	1844	1844
R^2	0.075	0.103	0.142	0.075	0.149

注：**、***分别表示在5%、1%的水平上显著；括号内汇报的是稳健标准误。

7.6　小结

保险保障是金融支持农村发展的重要手段，可以通过转移风险、提供未来特定时期的经济保障增强农村家庭的财务韧性，从而提升其经济获得感。但现阶段我国农村家庭的新农保和商业保险参与率不足，农村保险市场发展缓慢，农民依然面临家庭财务韧性不强的问题。基于以上问题，本章尝试从金融能力的视角为我国农村家庭在保险中的"有限参与"现象提供新的理论解析。参与保险保障首先要求农民认识到保险在分散和抵御风险、增强自身财务韧性等方面的重要性，其次要求农民具备理解保险条款、计算保费、甄别保险产品的综合能力，最后要求农民拥有可负担的、可供选择的保险产品。显然，保险保障的参与受到个体金融能力的影响。本章采用西部农村地区实地调研数据进行实证分析，结果表明，金融能力可以显著提升农村家庭参与保险保障的可能性，并通过保险保障渠道提升其经济获得感，新农保参与和商业保险参与的中介效应分别占总效应的4.49%和3.89%。

本章对我国如何提升农村家庭获得感有一定的政策启示：多数农村家庭都面临着经济系统性波动以及养老、农业生产等多种风险，而提高农村家庭的金融能力，带动这些家庭参与保险，可以帮助其分散风险、提升财务韧性并最终增强其获得感。为实现这一目标，政府、金融机构等有关社会主体应当进一步拓宽农民的金融信息渠道，加强保险知识宣传，不断提升农民的金融能力及保险保障参与率。

第 8 章

金融能力、家庭财富与家庭经济获得感

8.1 引言

我国已经完成全面脱贫的目标,实现了现行标准下近一亿人口全部脱贫。但脱贫摘帽并不是终点,而是新生活、新奋斗的起点。① 在满足了广大农民的基本物质需求后,下一阶段的目标就是切实提高其获得感和幸福感。作为一个具有"中国特色"的概念,与幸福感和生活满意度等指标相比,获得感是一种更为基础和务实的满足感,更强调实际获得。没有获得感,幸福感和安全感便是一句空话。经济获得感是指家庭基于经济获得及其经济状况的总体感受和整体评价,是基于其客观经济获得而产生的满足感,是获得感极为重要的方面。

家庭财富水平在很大程度上反映了家庭长期客观经济获得的情况。我国农村家庭财富积累与城镇居民相比仍有不小的差距,且存在地区间非均衡特征和家庭间分化现象。已有研究证明了个体的金融素养对家庭财富积累具有积极影响。金融能力是金融素养的延伸,不仅包含个体的金融素养,也包含个体所拥有的或能够利用的外部金融机会。金融素养和外部金融机会都是影响个体做出金融决策和金融行为的重要因素。然而,我国农民的金融能力普遍较低,这可能是制约我国农村家庭财富积累,最终制约其经济获得感提升的重要因素。基于此,本章探索性地将金融能力和家庭财富引入经济获得感的分析框架,探究家庭财富在农民金融能力对家庭经济获得感影响中的作用,为增进农村家庭其经济获得感提供有益的补充。

---

① 脱贫摘帽不是终点,而是新起点,人民网,http://politics.people.com.cn/n1/2020/0311/c1001-31626258.html.

8.2　文献综述

由 Atkinson 等（2006）首次提出的金融能力概念用于描述人们管理个人财务所必需的金融知识、信心和动力。金融能力影响家庭退休计划的制定、储蓄的可能性，以及参与创业的积极性。在金融福祉方面，金融能力被证实能够提高个体的财务满意度和金融幸福感。Taylor 等（2011）指出金融能力不仅影响收入和金融福祉，也会影响个体的心理幸福感。Huang 等（2015）发现外部金融环境、个体的金融行为和金融实践降低了低收入老年群体陷入财务困境的风险，有利于提升其金融福祉。国内关于金融能力的研究主要以农村居民和贫困人口为研究对象，李明贤等（2018）和罗荷花等（2020）讨论了农民金融能力的影响因素，谭燕芝等（2019）则关注了金融能力与贫困的关系。

大量研究表明家庭财富积累受到两方面因素的影响：一是个体特征和家庭特征，如受教育水平、风险态度、婚姻状况、家庭子女数量等；二是社会背景特征，如市场环境和政治环境。部分学者进一步关注到个体金融素养对财富积累的正向影响。

财富水平对家庭的消费、创业、借贷、投资行为具有重要影响。根据生命周期理论和持久收入理论，消费受到个体一生中的收入和财富的影响。且有证据表明，家庭财富对低收入人群消费的影响更大。关于财富与创业的研究一般认为，财富水平对创业活动具有正向影响。盖庆恩等（2013）基于三省农户调研数据的研究发现，财富水平对创业活动的影响呈现倒"U"形的特征。关于财富与借贷行为的研究认为财富具有抵押品性质，能够在家庭发生借贷行为时充当信用背书。家庭财富越多，所受到的金融排斥越小，家庭借款的难度越小，[①]且这一效应在农民群体中更为显著。关于财富与投资行为的研究表明，高财富家庭往往更多地参与风险市场，并持有更加多元化的投资组合。此外，也有文献从幸福感的角度出发证实了财富水平对个体和家庭福利的正向影响。

经济获得感是获得感的重要维度，指个体基于其客观经济获得而产生的满足感。国内关于经济获得感的研究主要关注低收入群体。梁土坤

---

① 廖理，张金宝. 城市家庭的经济条件、理财意识和投资借贷行为——来自全国 24 个城市的消费金融调查 [J]. 经济研究，2011，46（S1）：17-29.

（2018）研究发现地区经济因素和社会政策因素均能显著影响低收入家庭的经济获得感，针对社会政策类型进一步发现，社会保险、扶贫政策能够提升困难家庭的经济获得感，但是社会救助政策由于救助标准较低，对困难家庭的经济获得感并无显著影响。赵晶晶等（2020）发现农村地区征地政策总体上提升了农民的横向经济获得感，多元征地补贴方式显著提升了农民的横向经济获得感和纵向经济获得感。[①] 王瑜（2019）发现电商参与提升了农民的经济获得感，具体来看，电商参与提升了贫困户的横向经济获得感，但并未提升纵向经济获得感。

通过梳理现有文献，本书发现已有研究存在以下不足：（1）对财富积累影响因素的研究围绕个体特征、家庭特征、社会背景特征等方面展开，尽管部分文献讨论了金融知识对财富积累的影响，但缺乏围绕金融能力如何影响财富积累的研究；（2）已有研究主要讨论了外部因素对经济获得感的影响，缺乏对个体可行能力的关注；（3）家庭财富关系到家庭福利水平，尽管大量文献围绕财富水平与幸福感展开讨论，但鲜有研究将财富水平与获得感建立联系。本章将金融能力、家庭财富和经济获得感纳入同一研究框架，探索性地分析农民金融能力对家庭经济获得感的直接影响以及家庭财富的中介作用。

8.3 理论分析与研究假设

8.3.1 金融能力对经济获得感的影响

国外学者已经证实，金融能力影响个体金融福祉，能够提高个体的财务满意度和金融幸福感。获得感与幸福感、满意度等均用于衡量个体的福利水平，但获得感更强调个体的实际获得，因而更具客观性。经济获得感是获得感的重要维度，也是提升总体获得感的基础和关键部分。对于农民群体而言，必须首先解决经济贫困、生活质量低下、缺乏生活保障等问题，才能实现总体获得感的进一步提升。

金融能力不仅衡量内部金融素养，也衡量外部金融机会。Sherraden（2013）强调了金融机会对于低收入家庭的重要性。Chowa 等（2014）进一步

---

① 赵晶晶，李放，李力.被征地农民的经济获得感提升了吗？［J］.中国农村观察，2020（5）：93-107.

强调了外部金融环境是研究金融能力的关键要素。金融能力使得农民能够有效管理其收入和支出，信用和债务，具有更强的自我控制力，从而获得更高的经济收益，摆脱贫困状态，提升经济获得感。此外，由于农民的金融能力水平更低，提升空间更大，因此金融能力对其经济获得感的边际影响更大。基于以上分析，本章提出假设1。

假设1：金融能力正向影响农村家庭经济获得感。

8.3.2　金融能力对家庭财富的影响

已有研究证实了金融素养对家庭财富积累的正向影响。作为一项特殊的人力资本，金融素养正向影响财富积累。与教育水平相比较，金融知识对家庭财富积累的影响更强。国内学者进一步研究发现金融知识对农村家庭、低受教育水平家庭、低财富家庭财富积累的边际作用更大，从而有助于缩小家庭财富差距。

金融素养通过改善个体金融行为正向影响财富积累。首先，具备高水平金融素养的个体能够在整个生命周期内更好地配置资源，从而更可能实现财富积累。具体来说，金融素养通过促进家庭制订退休计划和储蓄计划实现财富积累。其次，高水平的金融素养降低了信息成本和市场摩擦程度，提高了个体收集、分析和处理信息的能力，促使个体更合理地进行投资理财并增加其投资获利的可能性，帮助个体获取超额的投资回报，从而加速财富积累。

金融能力和金融素养的核心内涵具有内在统一性，两者都是通过提高微观主体的金融决策水平，实现其金融福祉。金融能力是比金融素养更为广泛的概念。本书将金融能力界定为"个体内在能力与外部金融环境的集合"。其中，个体内在能力就是个体的金融素养水平。外部金融环境是指可以选择的可用金融产品和金融服务的集合。外部金融环境的改善提供给农民更多参与金融市场的机会，特别是在数字金融时代，普惠金融在数字技术的支持下发挥包容效应，使得农村居民能够低成本、高效率地参与金融市场。基于此，本章提出假设2。

假设2：金融能力正向影响农村家庭财富。

8.3.3　家庭财富在金融能力影响家庭经济获得感中的中介作用

Mullis（1992）首次将财富与幸福感联系起来，认为与当期收入相比，考虑永久性收入、家庭净财富和家庭经济需求的综合指标对家庭主观心理幸福感影响更大。Wooden 和 Headey（2005）也发现，家庭财富比收入更能影响幸福感。财富对幸福的正向影响同样普遍存在于发展中国家和低收入人群。国内部分学者也关注了财富如何影响幸福感这一话题。刘宏等（2013）认为相较于当期收入和绝对财富规模，永久性收入（财富）和相对财富规模对居民主观幸福感的影响更大。不同财富类型对幸福感的影响并不一致。李江一等（2015）发现住房资产、汽车等对居民家庭幸福感的影响最大。胡晨沛等（2017）研究同样表明拥有住房、汽车等家庭资产能够显著提高农村居民幸福感 。

关于财富影响幸福感的机制研究表明，财富意味着心理安全、尊重和参与的机会，能够直接或间接地影响个体幸福感。一方面，家庭财富通过为个体提供重要的经济保障提升其幸福感，这种经济保障在风险来临时可以发挥"缓冲效应"以抑制负面冲击，减缓幸福感下降的幅度和速度。另一方面，作为一种潜在的资金流，家庭财富能够充当抵押品和信用背书，帮助家庭获取融资，以支持家庭消费、创业等，提升家庭的幸福感。

已有文献表明了家庭财富积累对幸福感的正向影响，由于获得感与幸福感均为衡量个体福利水平的指标，因此从财富水平对幸福感的影响研究中也能窥见财富水平对经济获得感的影响。梁土坤（2019）针对农村低收入群体经济获得感的研究指出，经济条件是低收入群体经济获得感的现实基础。[①] 首先，家庭财富能够促进消费并提升其获得感，这种促进作用在低收入家庭中更大。其次，家庭财富积累缓解了农民受到的金融排斥，并促使家庭从资本市场上获利，从而提升其经济获得感。基于此，本章提出假设 3。

假设 3：家庭财富对经济获得感具有积极影响，且在金融能力影响家庭经济获得感中起中介作用。

8.4 变量说明与描述性统计

8.4.1 变量说明

（1）被解释变量。被解释变量是经济获得感。具体包括四个维度，即横向经济获得感、纵向经济获得感、经济发展获得感、收入公平经济获

---

① 梁土坤. 农村低收入群体经济获得感的内涵、特征及提升对策 [J]. 学习与实践, 2019 (5): 78-87.

得感。

（2）核心解释变量。核心解释变量是金融能力。金融能力包含金融知识、财务管理、金融态度和金融机会四个维度。

（3）中介变量。中介变量为家庭财富，具体包括农村家庭总资产和农村家庭净资产。家庭总资产包括农业、工商业、房产、汽车、家用电器、活期存款、定期存款、股票、基金、债券、互联网理财产品、其他理财产品、现金以及借出款等。家庭净资产为家庭总资产与家庭总负债之差。总负债包括农村家庭现拥有的正规渠道负债和非正规渠道负债①。除此之外，本书还将家庭总资产分为金融资产、创业资产、农业资产和固定资产②，以考察不同类型家庭财富的异质性影响作用。

（4）控制变量。借鉴已有研究，本章选取以下控制变量：性别、年龄、年龄的平方项、婚姻状况、文化程度、健康状况和风险偏好反映受访者个体特征；家庭规模、房屋市值、乡村精英③、工作人数占比、人情往来支出、少儿抚养比、老年抚养比、养老保障参与④和是否创业反映家庭特征。

8.4.2 描述性统计

首先给出了西部农村家庭财富水平的描述性统计（见表8-1）。农村家庭总资产和净资产的平均水平分别约为58.6万元、52.8万元。其中，占家庭财富比例最高的是固定资产，均值约为43.7万元，占比达到74.62%。在固定资产中，房产占比最大，均值约为37.81万元。《中国家庭财富指数调研报告（2021Q3）》也指出我国居民家庭房产净值占比为62.5%，因此本书的数据较为合理。⑤ 其次是金融资产，均值约为6.48万元，占比达到11.06%，说明西部地区农民已经开始有意识参与金融市场并获取收益。占比排第三的是创业资产，均值为4.45万元，占家庭财富总额的比值为7.6%。

---

① 正规渠道负债指从银行取得的各类贷款，非正规渠道负债指民间渠道取得的各类借款。

② 金融资产包括活期存款、定期存款、现金、股票、债券、基金、互联网理财产品、其他理财产品和借出款。创业资产即为创业项目的总价值，包括生产设备、厂房和存货等。农业资产包括牲畜、留存农产品和农业机械。固定资产包括房屋资产、车辆资产和电器资产。

③ 与第6章和第7章不同，本章的乡村精英通过受访者是否为党员或受访家庭中是否有村干部来衡量。

④ 养老保障包括政府/事业单位退休金、城镇职工基本养老保险金、新农保、城镇居民社会养老保险、城乡统一居民社会养老保险和其他种类的社会养老保险。只要有家庭成员拥有上述保险的任何一种，则该受访对象的养老保障参与赋值为1，否则赋值为0。

⑤ 中国家庭财富指数调研报告（2021Q3）百家号，https：//baijiahao. baidu. com/s? id = 1714023743565297032&wfr=spider&for=pc.

最后是农业资产，占比仅为 1.29%。这一方面可能是因为西部地区农民的农业生产多为小规模经营，且农业生产不需要大量的固定资产，因此使得农业资产绝对值较低；另一方面也可能是因为随着经济的不断发展，西部地区农民的收入来源逐渐减少对农业生产的依赖，更多地依赖打工和创业等收入。

表 8-1 描述性统计（一）

变量名称	观测值	均值	标准差	最小值	最大值
总资产	1854	585650	560116	10001	2105000
净资产	1854	528168	534908	-1386999	2105000
金融资产	1854	64800	88826	0	325000
创业资产	1854	44500	100865	0	400000
农业资产	1854	7582	15679	0	60000
固定资产	1854	437027	416640	4300	1545000

其次，对变量进行数据处理。家庭总资产、金融资产、创业资产、农业资产和固定资产均为非负数，本书根据式（8-1）进行对数化处理，其中 wealth 表示家庭总资产、金融资产、创业项目资产、农业资产和固定资产。

$$\ln\_wealth = \ln(wealth + 1) \tag{8-1}$$

由于净资产存在零值和负值，不符合自然对数的运算规则，本书参考周天芸和陈铭翔（2021）的做法，根据式（8-2）对净资产进行对数化处理。

$$\ln\_net\_wealth = \begin{cases} \ln(net\_wealth + 1), & if net\_wealth \geq 0 \\ -\ln(-net\_wealth + 1), & if net\_wealth < 0 \end{cases} \tag{8-2}$$

控制变量的处理情况为：年龄、家庭规模按原始数据取值；性别方面，男性取值为 1，女性取值为 0；婚姻状况方面，已婚取值为 1，否则为 0；文化程度方面，初中及以上赋值为 1，否则为 0；对于风险偏好这一变量，风险偏好程度高赋值为 1，否则为 0；除风险偏好外，"乡村精英""是否创业"以及"养老保障参与"也均为虚拟变量，"是"赋值为 1，否则为 0；健康状况根据受访者的自评报告赋值 1~5。工作人数占比、少儿抚养比、老年抚养比分别是指家庭中工作人数、儿童人口数、老年人口数与家庭规模的比值；房屋市值、人情往来支出作对数处理。

各类变量的描述性统计如表 8-2 所示。

表 8-2 描述性统计（二）

变量名称	观测值	均值	标准差	最小值	最大值
经济获得感	1854	12.741	2.236	4	20
金融能力	1854	69.000	17.008	0	100
金融能力（加总法）	1854	14.299	4.029	1	21
总资产	1854	12.746	1.178	9.211	14.560
净资产	1854	12.061	3.966	−14.143	14.560
金融资产	1854	9.536	2.613	0	12.692
创业资产	1854	3.618	5.273	0	12.899
农业资产	1854	4.397	4.432	0	11.002
固定资产	1854	12.402	1.288	8.367	14.251
性别	1853	0.568	0.496	0	1
年龄	1854	44.369	14.639	20	87
年龄平方项	1854	21.828	13.073	4	75.690
婚姻状况	1853	0.777	0.416	0	1
文化程度	1854	0.685	0.465	0	1
健康状况	1853	3.844	0.928	1	5
风险偏好	1840	0.303	0.460	0	1
家庭规模	1854	3.901	1.457	1	10
房屋市值	1854	11.612	3.284	0	17.312
乡村精英	1854	0.196	0.397	0	1
工作人数占比	1854	0.505	0.275	0	1
人情往来支出	1854	7.521	2.581	0	12.206
少儿抚养比	1853	0.130	0.170	0	1
老年抚养比	1854	0.163	0.276	0	1
养老保障参与	1854	0.857	0.350	0	1
创业	1854	0.349	0.477	0	1

8.5　实证检验与结果分析

8.5.1　金融能力与经济获得感

（1）模型构建

本章采用 OLS 模型估计金融能力对经济获得感的影响。模型设定如下：

$$eco\_gain = \alpha_1 + \beta_1 FC + \delta_1 X + \varepsilon_1 \qquad (8-3)$$

式（8-3）中 eco_gain 表示农村家庭的经济获得感水平，FC 为农民的金融能力水平，X 表示个体和家庭特征变量。在估计模型时，引入了省份虚拟变量以控制区域异质性。

（2）实证检验

金融能力影响经济获得感的 OLS 回归结果见表 8-3。列（1）表明，金融能力在 1% 的显著性水平上正向影响家庭经济获得感。金融能力通过影响农民的金融决策和金融行为，改善了农民利用经济资源的能力，进而提高农民的创收能力，最终提高了家庭经济获得感。由此，假设 1 得到证实。

表 8-3　金融能力影响家庭经济获得感的估计结果

变量名称	（1）OLS 经济获得感	（2）2SLS 经济获得感	（3）OLS 经济获得感
金融能力	0.014***	0.028***	—
	(0.004)	(0.008)	
金融能力（加总法）	—	—	0.049***
			(0.016)
个体特征变量	是	是	是
家庭特征变量	是	是	是
省份固定效应	控制	控制	控制
常数项	7.948***	7.319***	8.087***
	(0.616)	(0.714)	(0.614)
观测值数	1836	1663	1836
R^2	0.137	0.132	0.134

注：*** 表示在 1% 的水平上显著；括号内汇报的是稳健标准误。

（3）内生性检验

式（8-3）中可能存在反向因果关系、遗漏变量或变量测量偏差等内生性问题，因此对式（8-3）进行工具变量检验。本书选取"同县区同一收入水平、剔除该家庭后其他家庭平均金融能力"作为农民金融能力的工具变量。在估计之前，DWH 检验 P 值为 0.0633，显著拒绝所有变量均外生的假设，一阶段 F 值为 485.46，表示不存在弱工具变量问题，因此选取的工具变量较为合适。

金融能力影响经济获得感的工具变量估计结果如表 8-3 列（2）所示。工具变量法下金融能力对经济获得感的积极影响仍然在 1% 的水平上显著。根据潘爽等（2020）的研究，这可能与个体处理效应异质性所导致的局部平均处理效应有关。由此可知，在解决了可能存在的内生性问题后，金融能力对经济获得感的积极作用仍然稳健，假设 1 进一步得到证实。

（4）稳健性检验

为考察上文结论的稳健性，采用替换指标法来进行稳健性检验。具体而言，本章采用得分加总法的金融能力指标进行稳健性检验。根据得分加总法，农民金融能力的取值区间为 [1，21]。表 8-3 的列（3）表明，替换指标后的 OLS 估计结果仍然在 1% 的水平上显著，说明该研究结论具有较好的稳健性。

8.5.2 机制分析

在上文研究的基础上，进一步研究金融能力影响经济获得感的内在机制。由理论分析可知，金融能力能够通过改善农民的资源配置以及增加农民投资获利的可能性来促进家庭财富的积累。而家庭财富又是经济获得感的重要基础。因此，本章将重点检验金融能力是否能够通过促进农村家庭财富积累从而提高其经济获得感。

（1）模型构建

本章使用 OLS 模型估计金融能力对家庭财富水平的影响，模型设定如下：

$$\ln\_wealth = \alpha_2 + \beta_2 FC + \delta_2 X + \varepsilon_2 \qquad (8-4)$$

其次，本文使用 OLS 模型估计家庭财富对经济获得感的影响，模型设定如下：

$$eco\_gain = \alpha_3 + \beta_3 \ln\_wealth + \delta_3 X + \varepsilon_3 \qquad (8-5)$$

式（8-4）和式（8-5）中，$\ln\_wealth$ 为受访家庭财富水平，包括总资产、净资产、金融资产、创业资产、农业资产和固定资产。

（2）实证检验

首先，金融能力影响家庭财富的回归结果如表 8-4 所示。列（1）~
（2）表明，金融能力能够在 1% 的显著性水平上促进家庭总资产和净资产增
长。农民的金融能力越高，其金融资源利用和配置能力就越强，更能实现
财富的增值和保值，最终促进家庭财富水平的提升，假设 2 得到证实。其
次，家庭财富影响经济获得感的回归结果如表 8-5 所示。列（1）~（2）
表明，家庭总资产和家庭净资产均能在 1% 的水平上显著提升经济获得感。
因此，由上述机制分析可知，金融能力可通过正向影响家庭财富水平进而
促进其经济获得感的提高。

进一步地，本章将家庭总资产分为金融资产、创业资产、农业资产和
固定资产四类，探究家庭财富类型影响机制作用的异质性。首先，由表 8-4
列（3）~（6）可知，金融能力的提升有利于家庭金融资产、创业资产和
固定资产的积累，但不利于农业资产的积累。这说明金融能力的提高可能
对农业生产经营以及农业资产积累产生相对"挤出"。其次，由表 8-5 列
（3）~（6）可知，家庭金融资产、创业资产和固定资产的积累对农民的经
济获得感具有显著的积极影响，而农业资产积累对经济获得感不具有显著
影响。

表 8-4　金融能力影响家庭财富水平的估计结果

变量名称	（1）OLS 总资产	（2）OLS 净资产	（3）OLS 金融资产	（4）OLS 创业资产	（5）OLS 农业资产	（6）OLS 固定资产
金融能力	0.025***	0.053***	0.082***	0.019***	-0.025***	0.022***
	(0.002)	(0.007)	(0.004)	(0.004)	(0.007)	(0.002)
个体特征变量	是	是	是	是	是	是
家庭特征变量	是	是	是	是	是	是
省份固定效应	控制	控制	控制	控制	控制	控制
常数项	9.494***	7.203***	2.294***	-2.337***	4.682***	9.532***
	(0.276)	(1.143)	(0.556)	(0.602)	(1.146)	(0.321)
观测值数	1836	1836	1836	1836	1836	1836
R^2	0.373	0.096	0.395	0.856	0.125	0.255

注：*** 表示在 1% 的水平上显著；括号内汇报的是稳健标准误。

表8-5　家庭财富影响经济获得感的估计结果

变量名称	(1) OLS 经济获得感	(2) OLS 经济获得感	(3) OLS 经济获得感	(4) OLS 经济获得感	(5) OLS 经济获得感	(6) OLS 经济获得感
总资产	0.301***	—	—	—	—	—
	(0.052)					
净资产	—	0.061***	—	—	—	—
		(0.015)				
金融资产	—	—	0.109***	—	—	—
			(0.023)			
创业资产	—	—	—	0.044*	—	—
				(0.026)		
农业资产	—	—	—	—	0.016	—
					(0.012)	
固定资产	—	—	—	—	—	0.223***
						(0.045)
个体特征变量	是	是	是	是	是	是
家庭特征变量	是	是	是	是	是	是
省份固定效应	控制	控制	控制	控制	控制	控制
常数项	5.850***	8.462***	8.387***	9.121***	9.002***	6.699***
	(0.811)	(0.599)	(0.602)	(0.583)	(0.585)	(0.766)
观测值数	1836	1836	1836	1836	1836	1836
R^2	0.139	0.133	0.134	0.123	0.123	0.135

注：*、***分别表示在10%、1%的水平上显著；括号内汇报的是稳健标准误。

8.5.3　家庭财富的中介效应检验

本书采用温忠麟等（2014）的中介效应模型检验家庭财富在金融能力影响经济获得感的过程中所起到的中介作用。[①]

首先考察家庭总资产和净资产在金融能力影响经济获得感路径中所起到的中介作用。上文的分析已经表明，金融能力对经济获得感以及家庭总资产、净资产的影响显著为正。进一步将家庭总资产和家庭净资产引入金融能力对经济获得感的回归模型后，金融能力和家庭总资产、净资产对经

---

① 关于中介效应模型的检验步骤详见第7章。

济获得感的影响仍然显著为正，具体回归结果见表 8-6 列（1）～（2）。根据以上分析，家庭财富在金融能力影响经济获得感的关系中具有部分中介作用。由此，假设 3 得到证实。

其次考察家庭财富中介作用的异质性。将固定资产、金融资产、农业资产和创业资产引入金融能力对经济获得感的回归模型后，金融能力对经济获得感的影响仍然显著为正，且家庭金融资产和固定资产对经济获得感的积极影响在 1% 的水平上显著，具体回归结果见表 8-6 列（3）～（6）。根据以上分析，金融资产和固定资产在金融能力影响经济获得感的关系中具有部分中介作用。创业资产和农业资产的中介作用不显著。虽然金融能力可以促进家庭创业，进而有利于家庭创业资产的积累，但创业面临较大的经营压力和创业风险，因而其是否有助于提升家庭经济获得感具有较大的不确定性，因此创业资产的中介作用不显著。而农业资产积累虽然能够显著提高家庭的经济获得感，但金融能力的提升对农业资产积累产生"挤出"效应，因此农业资产在金融能力影响经济获得感的关系中不发挥中介作用。

表 8-6　家庭财富的中介效应估计结果

变量名称	(1) OLS 经济获得感	(2) OLS 经济获得感	(3) OLS 经济获得感	(4) OLS 经济获得感	(5) OLS 经济获得感	(6) OLS 经济获得感
金融能力	0.009**	0.013***	0.009**	0.015***	0.016***	0.012***
	(0.004)	(0.004)	(0.004)	(0.004)	(0.004)	(0.004)
总资产	0.255***	—	—	—	—	—
	(0.056)					
净资产	—	0.052***	—	—	—	—
		(0.015)				
金融资产	—	—	0.083***	—	—	—
			(0.026)			
创业资产	—	—	—	0.030	—	—
				(0.027)		
农业资产	—	—	—	—	0.021*	—
					(0.012)	
固定资产	—	—	—	—	—	0.186***
						(0.047)
个体特征变量	是	是	是	是	是	是

续表

变量名称	(1) OLS 经济获得感	(2) OLS 经济获得感	(3) OLS 经济获得感	(4) OLS 经济获得感	(5) OLS 经济获得感	(6) OLS 经济获得感
家庭特征变量	是	是	是	是	是	是
省份固定效应	控制	控制	控制	控制	控制	控制
常数项	5.886*** (0.811)	7.935*** (0.615)	8.120*** (0.610)	8.381*** (0.612)	8.213*** (0.611)	6.539*** (0.767)
观测值数	1836	1836	1836	1836	1836	1836
R^2	0.142	0.139	0.137	0.132	0.133	0.140

注: *、**、*** 分别表示在 10%、5%、1% 的水平上显著；括号内汇报的是稳健标准误。

8.5.4 内生性检验

参考苏岚岚和孔荣 (2021) 的做法，本章对机制分析和中介效应分析进行内生性检验均采用金融能力的工具变量，即"同县区同一收入水平、剔除该家庭后其他家庭平均金融能力"。

机制分析的工具变量检验结果见表 8-7。由列 (1) ~ (2) 可知，在采用工具变量法进行估计的条件下，金融能力对家庭总资产和净资产的积极影响仍然在 1% 的水平上显著，说明金融能力的提高能够通过促进农村家庭财富积累以提高其经济获得感。由列 (3) ~ (6) 可知，在采用工具变量法进行估计的条件下，金融能力对家庭金融资产、创业资产和固定资产的积极影响在 1% 的水平上显著，说明金融能力的提高主要通过促进农民家庭金融资产、创业资产和固定资产的积累来提高其经济获得感，农业资产的影响机制作用不具备统计学意义上的显著性。由此，假设 2 进一步得到证实。

表 8-7　内生性检验 (一)

变量名称	(1) 2SLS 总资产	(2) 2SLS 净资产	(3) 2SLS 金融资产	(4) 2SLS 创业资产	(5) 2SLS 农业资产	(6) 2SLS 固定资产
金融能力	0.055*** (0.004)	0.100*** (0.015)	0.135*** (0.009)	0.051*** (0.009)	0.019 (0.016)	0.050*** (0.004)
个体特征变量	是	是	是	是	是	是
家庭特征变量	是	是	是	是	是	是
省份固定效应	控制	控制	控制	控制	控制	控制

续表

变量名称	(1) 2SLS 总资产	(2) 2SLS 净资产	(3) 2SLS 金融资产	(4) 2SLS 创业资产	(5) 2SLS 农业资产	(6) 2SLS 固定资产
常数项	8.045***	5.302***	−0.374	−4.046***	2.449*	8.221***
	(0.335)	(1.368)	(0.749)	(0.807)	(1.391)	(0.382)
观测值数	1663	1663	1663	1663	1663	1663
R^2	0.269	0.067	0.330	0.838	0.112	0.190

注：*、*** 分别表示在 10%、1% 的水平上显著；括号内汇报的是稳健标准误。

中介效应的工具变量检验结果见表 8-8。由列（1）～（2）可知，家庭财富在金融能力影响经济获得感的关系中具有显著的中介作用。假设 3 进一步得到证实。由列（3）～（6）可知，仅固定资产在金融能力影响经济获得感的关系中具有中介作用。而金融资产不再具有中介作用，原因可能在于虽然金融能力促进了家庭金融资产积累，但金融资产绝对值仍处于较低水平，其对经济获得感的影响比较有限。

表 8-8　内生性检验（二）

变量名称	(1) 2SLS 经济获得感	(2) 2SLS 经济获得感	(3) 2SLS 经济获得感	(4) 2SLS 经济获得感	(5) 2SLS 经济获得感	(6) 2SLS 经济获得感
金融能力	0.021**	0.028***	0.030**	0.031***	0.032***	0.025***
	(0.010)	(0.008)	(0.012)	(0.008)	(0.008)	(0.009)
总资产	0.206***	—	—	—	—	—
	(0.073)					
净资产	—	0.042**	—	—	—	—
		(0.017)				
金融资产	—	—	0.019	—	—	—
			(0.041)			
创业资产	—	—	—	0.014	—	—
				(0.027)		
农业资产	—	—	—	—	0.029**	—
					(0.013)	
固定资产	—	—	—	—	—	0.149***
						(0.057)
个体特征变量	是	是	是	是	是	是
家庭特征变量	是	是	是	是	是	是

变量名称	(1) 2SLS 经济获得感	(2) 2SLS 经济获得感	(3) 2SLS 经济获得感	(4) 2SLS 经济获得感	(5) 2SLS 经济获得感	(6) 2SLS 经济获得感
省份固定效应	控制	控制	控制	控制	控制	控制
常数项	5.852***	7.285***	7.516***	7.565***	7.436***	6.285***
	(0.848)	(0.712)	(0.720)	(0.737)	(0.720)	(0.822)
观测值数	1663	1663	1663	1663	1663	1663
R^2	0.141	0.134	0.128	0.126	0.128	0.137

注：**、***分别表示在10%、5%、1%的水平上显著；括号内汇报的是稳健标准误。

8.5.5 稳健性检验

本章采用替换指标法进行稳健性检验，选取得分加总法的金融能力指标用于稳健性检验，结果见表8-9。估计结果表明本章的主要研究结论具有较好的稳健性。此外，还对金融能力如何影响各类家庭资产以及各类家庭资产的中介作用进行了稳健性检验，估计结果与上文一致。

表8-9　基准回归的稳健性检验的估计结果

变量名称	(1) OLS 总资产	(2) OLS 净资产	(3) OLS 经济获得感	(4) OLS 经济获得感
金融能力（加总法）	0.104***	0.178***	0.028*	0.046***
	(0.007)	(0.027)	(0.017)	(0.016)
总资产	—	—	0.271***	—
			(0.056)	
净资产	—	—	—	0.056***
				(0.015)
个体特征变量	是	是	是	是
家庭特征变量	是	是	是	是
省份固定效应	控制	控制	控制	控制
常数项	9.581***	7.859***	5.874***	8.035***
	(0.282)	(1.127)	(0.811)	(0.615)
观测值数	1836	1836	1836	1836
R^2	0.367	0.081	0.141	0.137

注：*、***分别表示在10%、1%的水平上显著；括号内汇报的是稳健标准误。

8.6　小结

金融能力的提升一方面有助于农民在生命周期中更合理地配置资源；另一方面有助于农民参与金融市场并获取经济利益，从而加速家庭财富的积累。家庭财富作为一项重要的经济资源和家庭禀赋，能够在必要时变现以抵御财务风险，并且能够充当抵押品以帮助家庭获取融资支持，是经济获得感的重要来源。因此本章探索性地构建了"金融能力—家庭财富—经济获得感"的理论框架，探究金融能力对经济获得感的影响以及家庭财富的中介作用。研究结果表明，金融能力的提高能够显著提升农村家庭的总资产和净资产规模，进而提升其经济获得感。异质性分析表明，家庭总资产中仅固定资产的中介作用显著。研究结论在采用工具变量法处理内生性问题以及采用替换指标法进行稳健性检验后依然成立。本章的研究具有重要的政策含义：政府和金融机构可从提升农民金融素养和改善其所处外部金融环境两方面入手，促进农民参与金融市场、进行创业，以实现财富的积累，最终提升家庭经济获得感。

第 9 章

金融能力、家庭消费与家庭经济获得感

9.1 引言

2017 年，习近平总书记在党的十九大报告中指出，"必须始终把人民利益摆在至高无上的地位，让改革发展成果更多更公平惠及全体人民，使人民获得感、幸福感、安全感更加充实、更有保障、更可持续"。[①] 在中国特色社会主义建设的新时代，提升人民获得感是改革发展的落脚点、试金石和动力源。[②] 经济获得感是基于家庭经济获得及经济状况的总体感受和评价，是获得感极为重要的方面。尤其是对于农民等低收入群体而言，提升其总体获得感的首要抓手和关键一步在于改善其经济状况，提升其经济获得感。

消费提质升级不仅是我国经济平稳发展的"顶梁柱"、高质量发展的"助推器"，更是人民对美好生活需求的重要体现。[③] 提高农村消费需求，优化农村消费结构，不仅仅是提升农村家庭经济获得感的物质基础，也是推动实现共同富裕的客观要求。如图 9-1 所示，近年来，农村居民消费支出一直保持较快增长。2019 年农民人均消费支出名义增长 9.9%，虽然比 2018 年增速有所下滑，但仍比城镇居民人均消费支出增速快 2.4 个百分点。可见，农民消费意愿强烈，消费潜力巨大。然而，当前我国城乡消费差距仍然存在，农村居民人均消费支出明显低于城镇居民。2021 年中央一号文件

[①] 习近平. 决胜全面建成小康社会夺取新时代中国特色社会主义伟大胜利. 百家号，https：// baijiahao. baidu. com/s？id=1582495167355981788&wfr=spider&for=pc.

[②] 曹现强，李烁. 获得感的时代内涵与国外经验借鉴 [J]. 人民论坛·学术前沿，2017 (2)：18-28.

[③] 领航！向着高质量发展坚定前行——以习近平同志为核心的党中央引领中国经济发展述评. 百家号，https：//baijiahao. baidu. com/s？id=1620322625734034089&wfr=spider&for=pchttps：//baijiahao. baidu. com/s？id=1582495167355981788&wfr=spider&for=pc.

提出要全面促进农村消费，顺应农村居民消费升级趋势，把扩大消费和改善农村人民生活质量结合起来，促进消费向绿色、健康、安全发展，提高农村居民消费质量。鉴于此，如何进一步释放农村消费潜力，提高广大农村家庭的经济获得感，成为极具现实意义的问题。

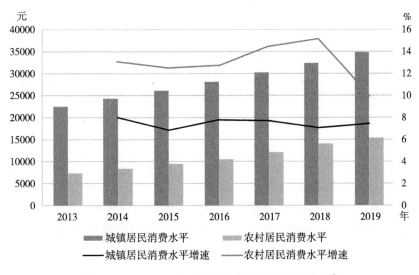

图 9-1   2013—2019 年城乡人均消费支出及增速①

金融能力是影响消费水平和消费结构的重要因素。从内部金融素养来看，金融素养的提升一方面有助于个体形成良好的消费理念并制定合理的消费规划；另一方面使得个体更多地参与金融市场、获取消费信贷，从而做出更优的消费决策，提升消费水平并改善消费结构。从外部金融环境来看，金融服务供给不足不利于农村家庭消费结构改善，抑制了农户福利的改善（邱黎源等，2018）。因此，进一步激发农村地区消费活力，释放消费潜力，增进其获得感，必须着力提升农民金融能力。

本章试图探究农民金融能力对家庭经济获得感的影响及消费的中介作用，为增进农村家庭经济获得感提供可能的解决思路。

---

① 国家统计局，http：//www.stats.gov.cn/.

9.2 理论分析与研究假设

9.2.1 金融能力与农村家庭经济获得感

西部地区多数农民缺乏足够的金融知识理解金融产品的风险及收益，获取金融服务的渠道有限且成本较高，家庭金融福祉处于较低水平，剥夺感较为严重，导致农村家庭经济获得感不高。金融能力高的农民能通过更好的金融决策提高收入（何学松等，2019），进而提高消费水平，改善生活质量。普惠金融缓解了农民创业融资约束，改善了农村家庭创业行为（张勋等，2019），拓展了农民的增收渠道。随着数字金融的发展，农村地区金融和信息基础设施建设加快，金融服务网点覆盖范围扩大，农村消费者使用交易账户的便利性提高（GPFI，2018），对金融服务、理财建议和养老规划的态度得以改善（周弘，2015；吴锟等，2017；杨柳等，2019），有机会提高金融素养，获得更好的收益。金融能力还可以降低家庭因诈骗产生损失的可能性（刘阳等，2020），提高农民的经济安全感。基于以上分析，提出假设1。

假设1：金融能力正向影响农村家庭经济获得感。

9.2.2 金融能力与农村家庭消费

金融能力不仅衡量个体内在能力，也衡量外部金融环境。从内在能力来看，已有研究证明金融素养能够显著提升居民家庭支出和消费倾向。Milena（2016）通过推演数学模型及实证检验，证明了金融素养能够正向影响家庭消费支出。金融素养也有助于改善家庭消费结构。罗娟（2020）发现金融知识水平的提高会显著降低生存型消费占比，增加发展型和享受型消费占比。阿丽娅等（2021）也发现，居民金融能力对家庭总消费具有正向影响，尤其是质量型消费，且对西部地区的影响大于东中部地区。这往往是因为金融能力高的农民更有前瞻性和财务规划能力，对信贷、保险、网络消费接受程度更高，对家庭未来收入持有理性预期，有更强烈的消费意愿。此外，部分学者进一步检验了金融素养影响家庭消费的内在机制。王慧玲等（2021）发现金融素养通过信贷平滑、理财增值和保险保障机制降低农户消费不平等。贾立等（2021）研究发现金融素养水平的提升通过促进农民参保并进一步改善农户的消费结构。

从外部金融环境来看，金融服务供给不足不利于农户消费结构和福利水平的改善（邱黎源等，2018）。张梦林等（2021）和江红莉等（2020）研究表明普惠金融的发展可以促进家庭消费潜力释放，提高发展型与享受型消费占比，且这一效应在低收入和农村家庭中更显著。金融支持可以通过增加信贷供给（王娜，2016）、提高社会保障（朱波等，2015）、增加创业机会（蔡栋梁等，2018）和提高家庭收入（周建等，2013）影响农民的消费行为。金融科技的快速发展缓解了金融排斥，提高金融服务的包容性（张勋等，2019；王修华等，2019），有助于农民进行消费平滑。例如，支付宝和微信等移动支付方式的普及，便利了农民的消费行为，促进了农民消费（张李义等，2017）。张勋等（2021）实证分析了数字金融发展对居民消费水平和消费结构的影响，提出数字金融的发展通过减少居民购物时间来促进消费。基于此提出假设 2。

假设 2：金融能力能够提高农村家庭的消费水平。

9.2.3 家庭消费在金融能力影响经济获得感中的中介作用

福利在传统经济学中被称为效用。经济学中的效用被假定是消费的函数（胡荣华等，2015），消费直接反映了个体购买多少商品和服务，以及购买何种商品和服务以满足自身的需求，因此与个体福利水平紧密相连。有学者指出，如何花钱直接影响到个体的生活满意度（Meyer 等，2011）；与收入不平等相比，消费的不平等更能反映出居民之间的实际福利差异（邹红等，2013）。

围绕消费的福利效应展开的研究主要沿着消费水平和消费结构两个方向进行。研究基本证实无论是绝对消费水平还是相对消费水平，均对家庭福利具有正向影响（Fafchamps 等，2006；Guillen-Royo，2011；Wang 等，2015；胡荣华等，2015；孙计领等，2016）。Wang 等（2015）基于中国的面板数据发现，绝对消费水平能够提升幸福感，而相对消费水平对幸福感的影响则因参照组人群的不同而不同，例如地区层面相似年龄、相近教育程度和同性别人群的消费水平的提升会降低自身幸福感，呈现嫉妒效应；社区层面参照群体平均消费量的增加会增加幸福感，呈现信号效应。胡荣华等（2015）发现，绝对消费水平和相对消费水平均能提升个体幸福感，且收入越低、受教育程度越低、经济社会阶层越低，消费对其幸福感的影响越大。

部分研究进一步关注消费结构对家庭福利的影响，基本证实消费升级能够提升幸福感。国外研究普遍认为体验性消费、休闲消费、社交消费、炫耀消费等更高层级的消费对幸福感具有显著的正向影响（Clark 等，2008；Headey 等，2008；DeLeire 和 Kalil，2010；Hudders 和 Pandelaere，2012；Noll 和 Weick，2015）。李江一等（2015）发现房产、汽车、耐用品等消费对幸福感有显著正向影响。饶育蕾等（2019）认为与享受型消费支出的绝对值相比，享受型消费的占比对居民幸福感的影响更大。① 聂建亮等（2020）提出生存型消费对农村老人的幸福感影响不显著，压力型消费正向影响其主观幸福感，而享受型消费负向影响其主观幸福感。

然而，消费类别与生活满意度之间的关系在不同发展阶段的国家中有所不同。Meyer 等（2011）指出，在发达国家样本中，主食等基本消费的减少无关痛痒，而对于欠发达国家居民而言，基本消费水平的下降对生活满意度具有显著的负向影响。对于低收入和低消费人群而言，其首要目标是将消费水平提升到一定阈值，消费水平的提升对其生活水平和家庭福利的影响更大。此时若过分强调消费结构的升级可能会挤出基本消费需求，甚至会加重家庭消费负担，导致家庭消费结构错配。因此，本书主要关注西部农村家庭的消费水平。

在实现整个生命周期最佳平滑的过程中，消费计划的有效制定起着重要的作用。进行消费决策需要消费者根据自身收入水平和资产状况，选择适配的消费水平和消费结构，尤其是对于低收入人群，必须具备"将钱花在刀刃上"的能力；同时，还需要具有前瞻性，对未来可能发生的支出做出预期，并能够有效地收集并运用信息来制定规划，将收入在储蓄和消费之间合理分配（宋全云等，2019）；此外，若能够进一步理解贴现率、投资回报和消费信贷服务等，就可以借助金融产品和金融服务实现消费平滑，改善家庭福利。基于以上分析，提出假设 3。

假设 3：家庭消费水平在金融能力影响经济获得感中起到中介作用。

---

① 饶育蕾，冀希，许琳. 享受型消费是否提高了居民幸福感？——基于中国家庭追踪调查CFPS 的实证分析 [J]. 消费经济，2019，35（2）：13-24.

9.3 研究设计

9.3.1 变量说明与描述性统计

（1）被解释变量。被解释变量是经济获得感。具体包括横向经济获得感、纵向经济获得感、经济发展获得感、收入公平获得感。

（2）核心解释变量。核心解释变量是金融能力。金融能力包含金融知识、财务管理、金融态度和金融机会四个维度。

（3）中介变量。中介变量是消费水平。由于居民消费大多以家庭为单位进行，如住房购买、子女教育等，因此选择家庭作为研究对象。家庭消费包括衣着支出、食品支出、基本居住支出（含水电气费和日用品支出）、交通通信支出、医疗保健支出、家庭耐用品（含汽车、手机、家电等）支出、家庭旅游支出、教育培训支出、文化娱乐支出。本章对农村家庭的消费支出作对数处理。

（4）控制变量。除以上变量外，本书还包括一系列可能影响家庭消费决策和经济获得感的个体特征变量和家庭特征变量。受访者的个体特征变量包括性别、年龄、年龄的平方项、婚姻状况、文化程度、健康状况。家庭特征变量包括家庭规模、工作人数占比、少儿抚养比、老年抚养比、人情往来支出、家庭财富、家中是否有人外出务工、养老保障参与①、乡村精英②。年龄、家庭规模按原始数据取值；性别方面，男性取值为 1，女性取值为 0；婚姻状况方面，已婚取值为 1，否则为 0；文化程度方面，初中及以上赋值为 1，否则为 0；对于风险偏好这一变量，风险程度高赋值为 1，否则为 0；除风险偏好外，"乡村精英""是否外出务工"以及"养老保障参与"也均为虚拟变量，"是"赋值为 1，否则为 0；健康状况根据受访者的自评报告赋值 1~5。工作人数占比、少儿抚养比、老年抚养比分别是指家庭中工作人数、儿童人口数、老年人口数与家庭规模的比值；家庭财富、人情往来支出作对数处理。

---

① 养老保障包括政府/事业单位退休金、城镇职工基本养老保险金、新农保、城镇居民社会养老保险、城乡统一居民社会养老保险和其他种类的社会养老保险。只要有家庭成员拥有上述保险的任何一种，则该受访对象的养老保障参与赋值为 1，否则赋值为 0。

② 乡村精英通过受访者是否为党员或受访家庭中是否有村干部来衡量，都没有赋值为 0，否则赋值为 1。

变量的描述性统计如表 9-1 所示。

表 9-1　描述性统计

变量名称	观测值	平均值	标准差	最小值	最大值
经济获得感	1854	12.741	2.236	4	20
金融能力	1854	69	17.008	0	100
家庭消费	1854	10.664	0.792	6.215	12.909
性别	1854	0.568	0.496	0	1
年龄	1854	44.453	14.481	20	87
年龄平方项	1854	21.857	13.033	4	75.69
婚姻状况	1854	0.777	0.416	0	1
文化程度	1854	0.685	0.465	0	1
健康状况	1853	3.844	0.928	1	5
家庭规模	1854	3.901	1.457	1	10
乡村精英	1854	0.196	0.397	0	1
工作人数占比	1854	0.505	0.275	0	1
人情往来支出	1854	7.521	2.581	0	12.206
少儿抚养比	1853	0.13	0.17	0	1
老年抚养比	1854	0.163	0.276	0	1
家庭财富	1854	12.061	3.966	−14.143	14.56
是否外出务工	1854	0.481	0.5	0	1
养老保障参与	1854	0.837	0.369	0	1

9.3.2　计量模型设定

本书主要使用 OLS 模型进行实证研究，基准模型考察金融能力对农村家庭经济获得感的直接影响，传导机制模型考察金融能力对家庭消费水平的作用，实证模型如下：

$$eco\_gain = \alpha_1 + \beta_1 FC + \delta_1 X + \varepsilon_1 \tag{9-1}$$

$$\ln\_spend = \alpha_2 + \beta_2 FC + \delta_2 X + \varepsilon_2 \tag{9-2}$$

9.4 实证检验与结果分析

9.4.1 金融能力与经济获得感

本章首先对金融能力与经济获得感的关系进行检验，回归结果见表 9-2。列 (1)~(4) 分别为未加入控制变量和逐步加入控制变量的回归结果，结果表明金融能力能够显著提升农村家庭经济获得感。

考虑到模型设定可能存在内生性问题。一方面金融能力与经济获得感之间可能存在互为因果的关系；另一方面对农村居民金融能力和经济获得感衡量时可能存在测量误差。为解决模型的内生性问题，本章利用工具变量进行两阶段回归，所选取的工具变量为"同县区同一收入水平、剔除该家庭后其他家庭平均金融能力"。在估计之前，Wald 检验 P 值为 0.046，在 10% 的水平上拒绝不存在内生性的假设，即原方程存在内生性问题。列 (5) 报告了一阶段的回归结果，一阶段估计 F 值为 487.728，不存在弱工具变量问题。列 (6) 报告了第二阶段的回归结果，其中金融能力的系数仍然在 1% 的水平上显著，这表明在控制内生性问题后，金融能力仍然显著正向影响家庭经济获得感。

表 9-2 金融能力与经济获得感

变量名称	(1) OLS 经济获得感	(2) OLS 经济获得感	(3) OLS 经济获得感	(4) OLS 经济获得感	(5) OLS 金融能力	(6) 2SLS 经济获得感
金融能力	0.019***	0.018***	0.013***	0.013***	—	0.028***
	(0.003)	(0.004)	(0.004)	(0.004)		(0.008)
工具变量	—	—	—	—	0.540***	—
					(0.027)	
个体特征变量	否	是	是	是	是	是
地区特征变量	否	否	是	是	是	是
省份固定效应	未控制	未控制	未控制	控制	控制	控制
常数项	11.400***	9.099***	7.877***	7.937***	14.570***	7.252***
	(0.227)	(0.548)	(0.624)	(0.626)	(3.488)	(0.712)
观测值数	1854	1851	1850	1850	1675	1675
R^2	0.022	0.094	0.134	0.139	0.513	0.134

注：*** 表示在 1% 的水平上显著；括号内汇报的是稳健标准误。

9.4.2 机制分析

（1）金融能力、家庭消费与经济获得感

由理论分析可知，金融能力能够通过提高家庭消费水平，满足家庭消费需求进而增进家庭经济获得感。因此，本章将重点检验金融能力能否通过正向影响家庭消费水平提升其经济获得感，回归结果见表9-3。列（1）是未加入控制变量的回归结果，结果表明金融能力对农村家庭消费水平具有显著正向影响。列（2）加入个体和家庭特征变量，且控制省份固定效应后，金融能力的系数仍然显著。由此，假设2成立。

考虑到模型设定可能存在反向因果、遗漏变量等内生性问题，如消费支出高的农村家庭更有可能使用消费信贷，从而在此过程中提高自身的金融能力。因此，本章使用工具变量法处理内生性问题，选取"同县区同一收入水平、剔除该家庭后其他家庭平均金融能力"作为金融能力的工具变量。对模型进行 Durbin-Wu-Hausman 检验（DWH 检验），P 值小于 0.001，拒绝外生性假定。表9-3 的列（3）显示了工具变量对金融能力第一阶段回归结果，第一阶段估计的 F 值为 487.728，不存在弱工具变量问题。列（4）为第二阶段回归结果，金融能力的系数仍然显著为正。

表9-3　金融能力对消费水平的影响

变量名称	（1）OLS 消费水平	（2）OLS 消费水平	（3）OLS 金融能力	（4）2SLS 消费水平
金融能力	0.015*** (0.001)	0.006*** (0.001)	—	0.023*** (0.003)
工具变量	—	—	0.540*** (0.027)	—
个体特征变量	否	是	是	是
家庭特征变量	否	是	是	是
省份固定效应	未控制	控制	控制	控制
常数项	9.655*** (0.079)	6.656*** (0.422)	14.344* (7.850)	5.527*** (0.475)
观测值数	1854	1827	1652	1652
R^2	0.099	0.271	0.511	0.191

注：*、***分别表示在10%、1%的水平上显著；括号内汇报的是稳健标准误。

（2）异质性分析

依据上文分析可以发现，金融能力显著提升了农户消费水平，进而提升其经济获得感。但金融能力的提升效应在不同消费水平的农村家庭中可能存在异质性。分位数回归可以说明这一差异。本书考察了金融能力对西部农村家庭消费水平在 0.2、0.4、0.6 以及 0.8 分位点处产生的影响，结果如表 9-4 所示。在各分位点处，金融能力对农村家庭消费均产生显著正向影响。随着分位点增大，影响系数逐渐降低，表明金融能力通过促进消费来提升农村家庭经济获得感的效果随着消费水平的提升逐渐降低，与阿丽娅等（2021）的研究结论一致。原因可能和农民的消费倾向有关。消费水平高的农民其边际消费倾向更低，并且消费习惯会支配其消费行为，因此其金融能力对消费及经济获得感的提升作用在低消费水平家庭中更大。

表 9-4 异质性分析（一）

变量名称	（1）OLS Q20	（2）OLS Q40	（3）OLS Q60	（4）OLS Q80
金融能力	0.009 *** (0.002)	0.008 *** (0.001)	0.007 *** (0.001)	0.004 ** (0.002)
个体特征变量	是	是	是	是
家庭特征变量	是	是	是	是
省份固定效应	控制	控制	控制	控制
常数项	8.321 *** (0.327)	8.886 *** (0.208)	9.405 *** (0.207)	9.795 *** (0.265)
观测值数	1850	1850	1850	1850
Pseudo R^2	0.1818	0.1603	0.1354	0.1065

注：**、*** 分别表示在 5%、1%的水平上显著；括号内汇报的是稳健标准误。

对于不同收入水平的家庭，其金融能力对消费水平的影响可能存在差异，进而对经济获得感产生不同影响。因此，本章以家庭收入均值为界，将样本家庭分为两组，回归结果见表 9-5。列（1）显示高收入组的金融能力系数显著为正，这表明金融能力的提高有利于高收入家庭提高消费水平，与杨天宇等（2007）的发现一致。而列（2）表明低收入组的金融能力系数不显著。这可能是因为，一方面，低收入农村家庭有较强的预防性储蓄动机。金融能力由低逐渐升高时，低收入农民更倾向于提高储蓄来保障资金充足（吴卫星等，2021），因此金融能力对消费的提升作用并不明显，由此导致金融能力无法有效转换为物质满足，低收入家庭经济获得感的提升并不显著。另一方面，低收入家庭更容易受到流动性约束的影响（李勇辉等，2018）。由于正规金融机构对信用、抵押品的要求较高，因此低收入家庭很难获得银行贷款等正规借贷支持以满足消费需求，因而低收入者的金融能力对家庭经济获得感影响并不显著。

表 9-5　异质性分析（二）

变量名称	（1）OLS 高收入组	（2）OLS 低收入组
金融能力	0.003 ** （0.002）	0.001 （0.002）
个体特征变量	是	是
家庭特征变量	是	是
省份固定效应	控制	控制
常数项	9.907 *** （0.277）	9.214 *** （0.267）
观测值数	919	931
R^2	0.117	0.251

注：**、***分别表示在5%、1%的水平上显著；括号内汇报的是稳健标准误。

9.4.3　进一步分析

（1）中介效应检验

进一步采用温忠麟等（2014）提出的中介效应检验方法①，以考察家庭消费的中介作用，实证结果如表 9-6 所示。列（1）、列（3）的结果表明，在引入"消费水平"变量后，金融能力的系数有所降低，且表中金融能力和消费水平变量的系数均显著。因此中介效应检验进一步支持了假设3，中介效应占总效应的 23.31%。

---

① 关于中介效应模型的检验步骤详见第 7 章。

表 9-6 中介效应检验

变量名称	（1）OLS 经济获得感	（2）OLS 消费水平	（3）OLS 经济获得感
金融能力	0.013*** (0.004)	0.006*** (0.001)	0.010*** (0.004)
消费水平	—	—	0.505*** (0.076)
个体特征变量	是	是	是
家庭特征变量	是	是	是
省份固定效应	控制	控制	控制
常数项	7.937*** (0.626)	8.979*** (0.214)	3.398*** (0.916)
观测值数	1850	1850	1850
R^2	0.139	0.271	0.162

注：*** 表示在 1% 的水平上显著；括号内汇报的是稳健标准误。

（2）稳健性检验

本章采用得分加总法重新构建金融能力指标，对上述模型进行稳健性检验，检验结果如表 9-7 所示。列（1）、列（2）的估计结果与前文一致，金融能力能够显著提升家庭经济获得感和家庭消费水平。列（3）中金融能力和家庭消费的系数仍然显著为正，该结果也与前文一致，这说明前文的估计结果较为稳健。

表 9-7 稳健性检验：替换指标法

变量名称	（1）OLS 经济获得感	（2）OLS 消费水平	（3）OLS 经济获得感
金融能力（加总法）	0.047*** (0.015)	0.042*** (0.005)	0.026* (0.016)
消费水平	—	—	0.506*** (0.072)
个体特征变量	是	是	是
家庭特征变量	是	是	是
省份固定效应	控制	控制	控制

续表

变量名称	（1）OLS 经济获得感	（2）OLS 消费水平	（3）OLS 经济获得感
常数项	11.435*** （1.326）	6.477*** （0.420）	8.033*** （1.390）
观测值数	1850	1850	1850
R^2	0.138	0.288	0.160

注：*、***分别表示在10%、1%的水平上显著；括号内汇报的是稳健标准误。

此外，由于农村家庭可能因为房屋修建、大病大灾等情况出现异常消费，因此对样本中消费水平前后1%的样本进行缩尾后再回归，同样得到了金融能力能够显著提升经济获得感和消费水平的结果。家庭消费的中介效应仍然显著，研究结论依然稳健。

表9-8　稳健性检验：缩尾回归

变量名称	（1）OLS 经济获得感	（2）OLS 消费水平	（3）OLS 经济获得感
金融能力	0.047*** （0.015）	0.040*** （0.005）	0.027* （0.016）
消费水平（缩尾）	—	—	0.508*** （0.075）
个体特征变量	是	是	是
家庭特征变量	是	是	是
省份固定效应	控制	控制	控制
常数项	8.020*** （0.605）	8.971*** （0.186）	3.461*** （0.900）
观测值数	1850	1850	1850
R^2	0.138	0.285	0.159

注：*、***分别表示在10%、1%的水平上显著；括号内汇报的是稳健标准误。

9.5　小结

金融能力是影响消费水平和消费结构的重要因素。从内部因素来看，金融素养的提升有助于农民形成良好的消费理念、制定合理的消费规划、做出理性的消费决策；从外部环境来看，消费贷款等金融服务的高可及性有助于农民合理安排消费。消费是满足需求的活动，直接构成了农民的实际获得，是经济获得感的重要来源。本章基于西部农村地区调研数据进行实证分析，研究结果表明，金融能力能够显著提升西部地区农村家庭的消费水平，进而增进其经济获得感，消费水平的中介效应约占总效应的23.31%。异质性分析表明，金融能力更能提升低消费、高收入家庭的消费水平，进而对其经济获得感产生更大的影响。本章的政策含义如下：金融机构应当推进金融产品下乡，改善农村地区外部金融环境，尤其要优化消费金融服务供给，以提高农民的消费能力，促进农民消费升级，进而助力农村家庭实现更高层次的满足感与获得感。

| 第 10 章 |

政策建议

提升农民获得感的长效机制在于赋权强能、共建共享。赋权强能意味着要给予农民更加公平、更加务实的发展机会，增强农民自我学习、自我发展、自我实现的能力。共建共享强调农民通过劳动和奋斗，实现物质获得和精神境界的全面提升。提升家庭经济获得感是一个长期的过程，需要布局农民金融能力建设的长效机制。这包括通过金融教育提升农民金融能力，增强其对未来的信心，实现从"授之以鱼"到"授之以渔"的转变；保持普惠金融政策定力，推动金融机构的产品和服务进一步下沉到农村地区，创造可供选择的外部金融环境；发挥金融监管的作用，筑牢金融安全防线。

10.1 金融教育助力提升农民金融能力

农村家庭的资源管理、资产保值增值、财富积累、消费平滑等目标的实现，均有赖于农民金融能力的提升。而金融教育是提升农民金融能力从而增进其经济获得感的重要手段。OECD 将金融教育定义为一个过程：金融消费者通过不断提高对金融工具和金融风险的理解，获取金融机构的指导和建议，从而树立金融信心，做出明智的金融决策以谋求自身金融福祉，并且当发生风险和欺诈时，懂得如何寻求帮助并采取有效行动。[①] 由于我国农民的受教育程度普遍较低，甚至部分农民不会识字和基本计算，因此在农村地区开展金融教育时应重视教育的灵活性和朴素性。

---

① 世界银行. 金融消费者保护的良好经验（2017 年版）［M］. 中国人民银行金融消费权益保护局译，北京：中国金融出版社，2019：241.

10.1.1　构建农村金融教育系统工程

农村金融教育系统工程的构建需要聚合政府、金融机构、大众媒体和社会公众等多方力量。在政府层面，应出台聚焦农村地区金融教育工作的指导文件，在分配金融教育资源时适度向农村地区倾斜，推动金融教育常态化。例如，建立农村金融教育基地，通过党员带头学习、支部组织学习推动金融教育入社、入村、入户。在机构层面，各级各类金融机构应主动承担起普及金融教育的社会责任。作为农村金融产品和金融服务的主要供给方，农村金融机构更应发挥地域优势，保持细致、耐心、谦逊的工作态度，通过向农民提供亲切的、友善的服务与其建立起亲密的关系，并通过定期开展金融讲坛、防诈骗宣讲等活动向农民普及金融知识。再次，大众媒体应关注农村金融教育工作开展情况，通过跟踪报道、主动监督等方式落实金融教育的宣传、推广工作，以便在全社会形成共识和合力，营造人人参与金融教育的良好氛围。最后，社会公众应当积极参与农村金融教育公益活动。大学生及其他社会人士在取得一定的资格认证后，以志愿者身份下乡入户，在广袤的农村地区点亮金融教育的星星之火。各方主体并非各谋其事，而应建立联动机制，形成"点—线—面"的工作网络，以实现金融教育可持续运转。

10.1.2　金融知识、金融技能、金融态度并重

金融教育不等于狭义的金融知识普及，同时也意味着帮助农民提升金融技能、树立良好的金融态度并增强其对未来的信心。家庭财务健康是一个长期的过程，金融基本知识和财务管理技能能够直接提升家庭财务决策能力，而态度和信心则在长期内持续影响家庭的财务健康。在金融知识普及方面，要结合具体的生产生活场景，尽可能用通俗易懂的语言进行讲解，确保农民听得懂、吃得透。金融技能培训致力于提高农村家庭"管钱"和"用钱"的能力。本书调研发现，高达 25.55% 的家庭收不抵支，约三分之一的家庭没有储蓄，近半数家庭无法应对意外事件带来的冲击，这些都易导致家庭无力应对突发风险，可能陷入财务危机，甚至面临返贫风险。因此，应在农村社区倡导量入为出、适度储蓄、合理负债、未雨绸缪、积极规划未来等理念。金融态度和信心是长期持续影响家庭财务健康的重要方面。拥有积极态度、对自己有信心且对未来充满信心的农民往往更能利用身边的金融资源服务于生产生活，可能更有勇气面对新事物和变化，更愿

意通过学习改变其处境。本书调研数据显示，超过一半的家庭平时并不关注经济金融信息，约有三分之二的家庭缺乏养老意识，没有合理的养老规划。因此，应引导农民树立对未来生活的信心，在农村地区形成一种主动学习、积极规划、关注新生事物的良好风气。以保险产品为例，农村家庭经济收入普遍偏低，风险承受能力弱，容易因自然灾害和意外伤病陷入财务困境。保险保障是农村家庭抵御生产生活风险的重要屏障。CAFI 的研究表明，有意识且有能力利用保险做好意外保障规划的农户，其金融健康水平也会相对更高。① 但我国农民普遍缺乏保险意识，对保险的风险转移和风险兜底功能缺乏认知，甚至寄希望于通过保险盈利。因此，向农民普及保险相关知识和养老规划意识，加深其对新农合、新农保、农业保险以及基本商业保险的了解，使其能够选择适宜的保险产品，以便为农民构建起基本的风险屏障，提升其获得感。

10.1.3 实现对农村社区、行政村特别是弱势群体的全覆盖

2021 年中国消费者金融素养调查发现，在全国 60 岁以上的群体中，仅有 25.1% 的老年人将互联网作为获取金融产品和服务信息的渠道，可想而知，大部分农村老年人没有或者不会使用智能手机，使用互联网的能力也极弱，而传统支付渠道却在不断减少，导致老年人的金融需求可能被极大地抑制。同时，农村老年人普遍欠缺甄别和防范各式新型金融骗局的能力，且在遭受诈骗后缺乏维权意识和维权能力，不法分子常常通过非法集资、推销保健品、要求"汇款救急"等方式对其实施诈骗，网络借贷也逐渐成为金融诈骗的重灾区。因此必须加强对农村老年人触网能力的培养，向其讲解基本的金融常识，增强其甄别能力，帮助其识别金融骗局、牢牢守住钱袋子。

金融赋能农村妇女也是金融教育的重要工作之一。正因为如此，尤努斯的格莱珉模式一直将目光聚焦于贫穷的女性群体②，我国 CAFI 也特别关

---

① 数字保险 | 提升农户金融健康水平，助力农户利用保险抵御生产生活风险 | 保险产品 | 财务_网易订阅，https：//www.163.com/dy/article/GMA5TCF40552DMW3.html。

② 诺贝尔和平奖得主穆罕默德·尤努斯于 1983 年在孟加拉创立了为穷人发放小额贷款的格莱珉银行，并逐步将"格莱珉模式"推广到世界贫困人口集中的地方。"格莱珉模式"可以简单地归纳为：以妇女为主体，五人小组联保，每周分期还钱，按照贷款额的 5% 收取小组基金和强制储蓄作为风险基金，按期还款以后还可以接着贷并可以提高借款金额，可以无限期地循环贷款。在孟加拉国基本上每个小村落都有格莱珉的银行系统，为很多群体提供 9700 多万笔贷款，其中 93% 都是女性，约有 900 万人。格莱珉银行的 24000 多名员工每周都要去找到这 900 多万客户，和她们一起沟通，了解这些女性的每一位家人的情况，并确保她们的孩子都有学上。

注农村女性的力量。在农村地区，由于成年男性多外出务工，女性往往承担打理家庭日常财务的角色，因而女性的思想和行为对实现和维系家庭金融健康具有关键作用。但由于农村女性长期缺乏充分的教育机会、发展机会和社会资源，因此必须加强对农村女性的金融教育，特别是要加强培养她们的网络支付、利率计算、理财规划、风险识别等基本技能，提高其合理安排财务资源的能力。

由于现代金融生活的风险性增加，让孩子了解如何做出财务决策以应对日益复杂的经济环境越来越重要，青少年理财教育可能对个人和社会福祉产生深远影响。Sherraden 等（2011）考察了一项针对美国四年级小学生的"我能储蓄"的金融教育和储蓄计划，研究发现，如果孩子能够有机会在学校接受正规的金融教育，并同时参与有意义的金融服务（如获得儿童储蓄账户等），有助于学生发展其金融能力或为自己的最大经济利益行事的能力，还会使他们有更多的学习动力，更理智地进行决策。作为农村家庭的后生力量，农村青少年获取金融知识，既有助于提升其处理日常金融事务的基本能力和自信，对其未来的工作生活产生积极影响，也有助于他们利用这些金融知识和理念对家庭实现"知识反哺"，从而提升整体农村家庭的金融能力。美国自 1998 年开始便在公立学校设置个人理财课程，并逐步向全国推广，但大多数课程仍然主要针对高中生和大学生，由于我国农村地区经济发展和教育水平仍然相对薄弱，部分青少年完成义务教育后便外出务工，因此对农村青少年的金融教育应从义务教育阶段抓起，金融通识读本和基础理财课程应以更加灵活的方式融入到义务教育之中。

10.1.4　金融教育渠道多元化、形式多样化

现有农村金融宣传较为传统，从内容上来看，仍然集中于假钞识别等基础常识；从宣传形式上看，较为常见的仍然是金融机构和基层政府部门悬挂的条幅和宣传单等；从宣传的目的来看，多为对金融机构传统业务的宣传，如办理银行卡或者推广理财产品等。整体而言，对数字时代新型金融产品、金融服务以及新型金融诈骗手段的相关介绍不足，尚未体现数字普惠金融发展的时代特点，缺乏创新思路。

在农村地区开展金融教育应遵循正规金融教育和民间金融教育、线上教育和线下教育相辅相成的总体思路。尽管各类网络平台，如微信公众号、财经新闻 App、抖音 App 等，能够最大限度地降低信息获取和教育普及的时

空成本，实现金融资讯的定向推送和频繁触达，但这些网络平台同时充斥着各种各样的虚假信息。农民对虚假信息的甄别能力相对较弱，容易听信谣传，甚至陷入金融骗局。因此，政府一定要牢牢占据农村金融教育的前沿阵地，为农民提供可靠的信息渠道和相关知识，同时吸纳农村金融机构、行业协会、社会组织等多方参与金融教育，形成以正规金融教育渠道为主体，民间教育渠道为补充的金融教育布局。此外，农村地区金融教育应兼顾线上和线下教育。线下教育主要面向"数字能力"比较弱的农民，应采取朴素的、生活化的、易于理解和接受的金融教育方式，例如发放金融教育宣传手册、张贴通俗标语、组织金融教育现场讲演等方式；也可结合民间艺术表现形式，例如以金融常识和防诈骗为主题编写方言顺口溜、打油诗等，用农民喜闻乐见的方式增强金融教育的趣味性，让农民愿意学、喜欢学、能学好。线上金融教育不受时空限制，且内容呈现更加生动，可借助电视等传统媒体以及手机 App 等数字媒体展开。例如，可借鉴已经成熟的栏目（如普法栏目）在中央和地方频道推出金融教育为主题的新节目。

10.2 普惠金融驱动农村金融发展

乡村振兴、共同富裕与农民获得感的提升具有内在一致性，在助力乡村振兴，促进共同富裕、提升农民获得感的过程中，对外部金融环境的要求也将大幅提高，因此普惠金融必须有所作为。

10.2.1 保持普惠金融政策定力

2022 年中央一号文件首次将"强化乡村振兴金融服务"单列为一项重要内容，彰显了国家层面对发展农村普惠金融的态度和信心。未来政府需保持政策的可持续性，加大对农村地区普惠金融的政策支持力度。具体而言，第一，增加对农村地区网络建设的投入，同时引导电信企业"服务入乡"，形成"政府+市场"的合力，补齐农村地区数字化基础设施建设短板，降低农民的网络使用成本，提高农村地区网络性能，为实现全区域、全天候的金融生态夯实网络基础。此外还应当关注农村地区智能手机覆盖率，通过消费补贴等方式提升农民的智能手机持有率，逐步消除农村地区存在的"终端排斥"现象。第二，建立信息共享机制，改善农村信用环境。信用数据是金融机构甄别客户和精准授信的基础。政府部门应将农民的电子商务交易数据、银行流水数据、医保缴费数据等纳入统一的信息库，破除农村地区的数据壁垒。同时，还要搭建互联互通的数据共享平台和信息共享机制，强化平台功能，充分释放数据要素和信息要素的价值。第三，构建激励机制，引导农村金融机构积极承担起发展普惠金融的主要责任，鼓励并支持金融机构开发"适农化"金融产品和服务。

10.2.2 创新普惠金融线下网点布局以持续增加覆盖广度

西部农村地区地广人稀，传统的银行网点规模较大，运营成本较高，难以实现密集布局，从而制约了普惠金融的覆盖广度。然而，尽管数字金融能够降低普惠金融实施成本、扩大普惠金融服务边界，但由于农民的数字技能和数字意识相对欠缺，在深度参与数字金融市场方面还存在诸多障碍，因此不能忽视农村普惠金融线下网点的建设和布局，要通过加强物理网点的智能化改造升级弥补数字普惠金融的不足或者失灵问题。

近年来，金融机构逐步探索并形成了农村普惠金融综合服务站的金融服务创新模式。这一模式将金融网点与村委会、商超、物流站等人员流动相对频繁的网点结合起来，对村委会、商超和物流站的工作人员开展金融培训，增强其业务办理技能和工作能力，从而建立起多位一体的普惠金融综合服务站。通过将金融服务布局到乡村生产和生活场景之中，普惠金融综合服务站这一模式能够降低金融网点布局成本，提高运营效率，从而扩大普惠金融线下网点布局的覆盖面。同时也能提升农村普惠金融发展的实用性和商业可持续性，使得越来越多的农民在家门口就能办理常规的、基础的金融业务，享受金融服务，极大地提升了金融服务的便捷性。陕西省铜川市宜君县是最早探索普惠金融综合服务站的试点区域之一，截至 2021 年 12 月，铜川市共建普惠金融综合服务站 16 处，6 个乡镇实现了金融服务站的全覆盖。① 普惠金融综合服务站的发展模式为打通普惠金融服务的"最后一公里"提供了更具操作性的现实路径，未来金融机构需要进一步扩大普惠金融综合服务站的试点区域，推广试点区域成功经验，不断改善综合服务站的管理模式，优化网点选址，拓展功能边界和业务范围，提升服务质量和运营效率。

---

① 中国普惠金融 2021 年回顾和 2022 年前景展望 | 小微企业 | 实体经济 | 三农_网易订阅，https：//www.163.com/dy/article/GV0AGBHO0552DMW3.html.

10.2.3 增加普惠金融供给的"适农性"以提升使用深度

数字金融技术发展的城乡异质性使金融资源在城乡之间的配置进一步分化。2017 年至 2019 年，全国各类机构办理的电子支付业务（含网上银行、手机银行和非银行机构）由 4476.3 亿笔增至 10510.2 亿笔，增幅为 134.8%；全国银行业金融机构办理的电子支付业务由 861.3 亿笔增至 1786.2 亿笔，增幅为 107.4%；农村地区银行业金融机构办理的电子支付业务（含网上银行和手机银行）由 185.8 亿笔增至 227.2 亿笔，增幅仅为 22.3%。[①]

农村居民的金融参与度低，数字金融服务的使用深度远逊于城镇居民，这既有可能是因为农民的金融教育水平低下抑制了其可行能力，也可能是金融产品和服务的"适农性"不足。Chowa 等（2014）研究发现，能否比较容易地理解银行业务和产品直接关系到金融可及性的高低。因此，金融机构应借助数字技术简化业务程序和产品规则设置，加快对操作程序的智能化、无障碍化、适农化改造，降低抑制农民参与金融市场的"软性门槛"和"隐性门槛"。金融机构还应当通过数据追踪、入户调研等途径深挖农民群体的金融需求，不断研发"适农化"金融产品和服务。如可以充分利用数字化信息技术和海量的网络微观数据，精准匹配风险与收益，设计多层次的、灵活化的信贷结构以瞄准农户的个性化贷款需求。例如山东农村商业银行针对农村地区不同群体的贷款异质性需求分别设计出诸如"养老保障贷""普惠小额信用贷""首贷通""人才贷"和"精英贷"等产品。[②]

农村地区的金融服务使用深度不足还表现为对金融理财服务的使用频次较低。课题组在调研中发现，使用智能手机的农村居民大多是为了满足其对社交和娱乐的需求，对线上金融产品和金融服务了解甚少。因此，金融机构应当关注农民的理财需求，为其提供与其风险承受能力相匹配的产品和服务，如开发门槛金额低、流动性好、风险低、收益相对稳健的理财产品，增强理财服务的普惠性，提升农民的财产性收入，加速农村家庭的财富积累。

---

① 中国人民大学中国普惠金融研究院：农村数字普惠金融的"红利"与"鸿沟"（上）. 财新网，https://cafi. blog. caixin. com/archives/243336.

② 山东农商行创新推出五款信贷产品，https://baijiahao. baidu. com/s? id = 16788035 71368241828&wfr=spider&for=pc.

10.2.4 引导普惠金融与农村电商融合发展

农村电商已经成为推进农村数字普惠金融发展的重要力量。2021 年中国农产品网络零售额为 4221 亿元，农村网络零售额为 2.05 万亿元，连续六年稳步增长。[①] 在 2022 年"两会"政府工作报告中，李克强总理提及要加强县域商业体系建设，发展农村电商和快递物流配送。[②]

作为农村互联网金融服务的重要应用场景，农村电商通过网络平台打通销售和消费环节，聚合数据与资金要素，已逐步成为促进乡村产业兴旺、提高农民收入、释放农村消费潜力的重要引擎，俨然成为重要的农村数字基础设施。这是因为，它不仅提供了消费金融、网络支付和网络小额贷款等常见的金融服务，还承载着网络征信和大数据金融分析等金融基础设施的功能。农村电商为农村普惠金融布局提供了极具活力的多元生态，如凭借其商贸平台优势积累海量的电商交易数据，借助金融科技分析工具精准刻画用户画像，对农民的资金需求和信用风险进行合理评估；依托电子支付平台沉淀大量资金，从而能够面向农民提供小额信贷、消费金融等多种服务；"数据+资金"的双重优势使农村电商成为助力普惠金融布局的重要支点。因此应加速电商平台和物流体系在乡镇地区的系统布局，创新电商平台搭载普惠金融的发展模式。具体来说，金融机构应与电商企业加强项目合作和资源共享，将金融信贷数据和商务交易数据纳入统一数据库进行匹配，共同组织农村市场调研，联合发放信用贷款，协同进行风控管理，以满足农村居民多样化的金融需求。

10.3 金融监管筑牢农村金融安全防线

数字普惠金融的下沉打通了农村普惠金融的"最后一公里"，但"数字技术+普惠金融"的发展模式也引致了新的产品风险、技术风险、市场风险，且一定程度上游离于原有的金融监管框架之外，给农村金融安全和农民金融福祉带来极大的威胁。因此，必须加强对农村金融消费者的权益保

[①] 艾媒咨询：《2022 年中国乡村数字经济发展专题研究报告》。

[②] 李克强作的政府工作报告（摘登）—新闻报道—中国共产党新闻网，http://cpc. people. com. cn/n1/2022/0306/c64094-32367473. html.

护,应用新型监管科技①提升监管效能,确保数字普惠金融在审慎监管的环境下持续发展,守住农村金融安全底线。

10.3.1 创新监管理念,打造协同监管模式

数字普惠金融是"数字技术+普惠金融"的融合发展模式,数字化技术的应用使得金融机构得以实现全区域、多领域的社会化运行。传统的各自为政的分业监管模式容易滋生监管盲区,导致监管套利现象层出不穷,因此应当构建多方主体共同参与的协同监管模式,增强监管的协调性。

在监管体制内部,一方面需要界定好各部门之间的权责边界,另一方面需要加强跨层级、跨部门的监管协作;在监管体制外部,加强监管部门与社会公众、行业自律协会的监管合作。例如,监管机构可通过设立面向社会公众的投诉热线和投诉平台,在开展监管工作时邀请行业自律协会和公众代表参与,积极与行业自律协会建立联系并展开对话等方式以调动社会各方参与监管的积极性。此外,监管部门应搭建从省份到区域再到全国的兼具互通性、共享性、流动性的监管信息系统,整合监管资源,提高监管资源利用效率。在搭建数据共享平台的同时加固共享机制安全建设,谨防数据泄露和信息错配。

10.3.2 加强农村地区金融消费者权益保护

数字普惠金融对金融生态环境和金融消费者权益保护提出了更高要求。近年来我国逐步开始探索消费者权益保护法律建设,先后发布了《关于加强金融消费者权益保护工作的指导意见》《中国人民银行金融消费者权益保护实施办法》等文件,逐渐形成了金融消费者权益保护的基本框架。

在数字普惠金融快速发展的过程中,数据已经成为新型的生产要素和社会财富。伴随着数据被不断分享、分析和大量利用的过程,消费者的数据安全和个人信息保护变得越发重要。如果缺乏必要的法律保障,将为数字普惠金融的深化与发展埋下重大隐患。例如,2019年提供面部识别技术的深圳市深网视界科技有限公司(Sense Nets)因未能使用密码保护数据库,导致超过250万客户的面部识别信息,以及相关的身份证、地址等隐私信息

---

① 《监管科技:人工智能与区块链应用之大道》(中国金融出版社2018年版)一书将监管科技定义为与金融监管、合规和风控相关的各种信息技术及其在金融领域的应用。

遭到泄露。[①]

目前，世界主要发达经济体普遍重视数据安全和信息保护方面的金融立法，如欧盟于 2018 年通过并出台了堪称史上最严格的数据保护法案：《一般数据保护法案》，取代原有的《数据保护指示》，以加强对成员国消费者个人信息和个人隐私的保护。[②] 我国去年出台了《数据安全法》和《个人信息保护法》，与已经实施的《网络安全法》一起构成我国网络数据领域的基础性法律。但由于我国农村地区金融生态远远落后于城镇地区，而西部农村地区的金融生态环境发展更是严重滞后，因此必须更加关注农村地区居民的相关法律教育。

数字技术快速发展的同时，金融欺诈逐渐呈现出手段专业化、形式隐蔽化、布局场景化以及作案链条产业化等特点。由于农村金融消费者普遍缺乏金融素养，风险甄别、风险防范和维权意识薄弱，容易陷入金融骗局而遭受损失；也可能因其接触到的金融产品超出其理解能力和消费能力，使得其面临的风险进一步放大。因此，金融监管部门、行业协会和金融机构应在农村地区持续开展金融教育和消费者权益保护工作，并使之常态化。一方面，金融监管部门必须加强对金融机构，即普惠金融供应方的监管力度，做好投资者适当性管理，规范金融机构的营销宣传、产品销售活动，严格要求其在开展业务时保持信息透明，确保消费者充分了解产品收益和风险，根据农民的资金需求和风险承受能力提供金融服务；另一方面，金融监管部门必须在保护农村消费者信息安全、打击金融诈骗、维护消费者权益方面更加有所作为，加强跨层级、跨部门的监管协作，设立面向农村金融消费者的投诉和举报通道，鼓励消费者积极维权，并制定具有可操作性的处罚细则，严厉打击金融诈骗、非法集资等非法行为。

10.3.3 提升数字化监管水平

与传统金融相比，数字普惠金融的数据处理量更大，产品创新更加频繁、技术手段更为复杂，跨机构、跨区域、跨行业、跨市场的产品交易越来越频繁，而传统的监管手段主要依赖于定期材料审核、现场稽查、准入限制、尽职调查等方式，具有滞后性，难以有效识别、追踪、管理和化解

---

① 深网视界被指泄露 250 万人信息控股方：正在调查手机新浪网，https：//finance. sina. cn/2019－02－15/detail-ihqfskcp5566886. d. html？oid＝3967861276362162&pos＝17.

② 深度整理丨欧盟《一般数据保护法案》（GDPR）核心要点 CSDN 博客，https：//blog. csdn. net/weixin_41000893/article/details/80285157.

数字金融风险。中国的数字金融发展走在世界前列，因此必须提升数字化监管水平，引进并应用数字化监管工具、监管手段、监管模式，以监管科技（RegTech）应对金融科技（FinTech），提升监管效能。

近年来，我国已经积极采取措施以发展监管科技，提升数字化监管水平。2017年5月15日，中国人民银行成立金融科技（FinTech）委员会，旨在引导金融科技良性发展，并强化监管科技应用实践，积极利用大数据、人工智能、云计算等技术丰富金融监管手段，提升跨行业、跨市场交叉性金融风险的甄别、防范和化解能力，处理好创新与监管、发展和安全的关系。① 2022年1月4日，中国人民银行发布《金融科技发展规划（2022—2025年）》，强调必须加快监管科技的全方位应用，强化数字化监管能力建设，对金融科技创新实施穿透式监管，筑牢金融与科技的风险防火墙。② 具体来说，首先，监管部门应加快制定农村金融安全指标体系，建立风险预警机制和应急处理机制以应对数字普惠金融创新的突发风险，并及时推进农村地区数字化基础设施建设以便于监管科技落地扎根。其次，监管机构应培育和引进兼具金融、科技、法律等背景的复合型人才和专业化的监管团队，同时积极推进与科技企业、高校的研发合作，引入和推广先进的监管科技，创新监管工具和监管手段。最后，探索应用监管科技应对数字金融风险的多种方式，例如充分利用大数据、空间遥感及物联网等技术，建立覆盖全区域的、实时的、动态的监管机制，给金融的各个环节都装上监管的"摄像头"，及时发现潜在金融风险，完善预警、追踪、化解三位一体的金融监管链条，真正落实主动监管、审慎监管的监管模式，提升监管效能。由于农村家庭金融普遍具有严重的脆弱性特征，且农民的金融素养普遍较低，容易误入各式新型金融骗局，一旦遭受意外损失，农村家庭便容易陷入贫困陷阱，甚至无法满足基本生存需要，因此必须使数字监管覆盖到农村地区，保护农民的金融权益，牢牢守住金融安全防线。

① 中国人民银行成立金融科技（FinTech）委员会 部门政务. 中国政府网，http://www.gov.cn/xinwen/2017-05/15/content_5193919.htm.
② 央行：加快监管科技的全方位应用，筑牢金融与科技的风险防火墙，https://m.thepaper.cn/baijiahao_16138202.

参考文献

[1] 阿比吉特·班纳吉，埃斯特·迪弗洛. 贫穷的本质：我们为什么摆脱不了贫穷 [M]. 北京：中信出版社，2013.

[2] 阿丽娅，王汀汀，韩复龄. 金融能力、信贷约束缓解与家庭消费——地区差异的视角 [J]. 金融评论，2021，13（4）：92-110+126.

[3] 阿玛蒂亚·森. 以自由看待发展 [M]. 任赜，于真等译. 北京：中国人民大学出版社，2012.

[4] 白重恩，李宏彬，吴斌珍. 医疗保险与消费：来自新型农村合作医疗的证据 [J]. 经济研究，2012，47（2）：41-53.

[5] 保罗·多兰. 设计幸福 [M]. 北京：中信出版集团，2016.

[6] 鲍震宇，赵元凤. 农村居民医疗保险的反贫困效果研究——基于 PSM 的实证分析 [J]. 江西财经大学学报，2018（1）：90-105.

[7] 贝多广. 攻坚"最后一公里"：中国普惠金融发展报告（2018）[M]. 北京：中国金融出版社，2018.

[8] 本杰明·雷德克利夫. 人类幸福的政治经济学：选民的抉择如何决定生活质量 [M]. 北京：北京大学出版社，2018.

[9] 边芳，张林秀，罗仁福，等. 农村居民新农保参保行为及其影响因素 [J]. 农业现代化研究，2018（1）：80-86.

[10] 蔡栋梁，邱黎源，孟晓雨，等. 流动性约束、社会资本与家庭创业选择——基于 CHFS 数据的实证研究 [J]. 管理世界，2018，34（9）：79-94.

[11] 蔡伟贤，朱峰. "新农合"对农村居民耐用品消费的影响 [J]. 数量经济技术经济研究，2015，32（5）：72-87.

[12] 蔡卫星. 银行业市场结构对企业生产率的影响——来自工业企业的经验证据 [J]. 金融研究，2019（4）：39-55.

[13] 蔡跃洲，张钧南. 信息通信技术对中国经济增长的替代效应与渗透效应 [J]. 经济研究，2015，50（12）：100-114.

[14] 曹国华，王楠，任成林. 认知能力、金融知识与家庭商业保险需求 [J]. 金融论坛，2020（12）：48-58.

[15] 曹瓅，罗剑朝. 社会资本、金融素养与农户创业融资决策 [J]. 中南财经政法大学学报，2019（3）：3-13+158.

[16] 曹现强，李烁. 获得感的时代内涵与国外经验借鉴 [J]. 人民论坛·学术前沿，2017（2）：18-28.

[17] 曹远征，陈军等. 微型经济：从"排斥"到"包容" [M]. 北京：人民出版社，2019.

[18] 常芳，杨矗，王爱琴，等. 新农保实施现状及参保行为影响因素——基于5省101村调查数据的分析 [J]. 管理世界，2014（3）：92-101.

[19] 陈灿锐，高艳红，申荷永. 主观幸福感与大三人格特征相关研究的元分析 [J]. 心理科学进展，2012（1）：19-26.

[20] 陈丹引. 数字获得感：基于数字能力和数字使用的青年发展 [J]. 中国青年研究，2021（8）：50-57+84.

[21] 陈东，刘金东. 农村信贷对农村居民消费的影响——基于状态空间模型和中介效应检验的长期动态分析 [J]. 金融研究，2013（6）：160-172.

[22] 陈国权. 复杂变化环境下人的学习能力：概念、模型、测量及影响 [J]. 中国管理科学，2008（1）：147-157.

[23] 程名望，华汉阳. 购买社会保险能提高农民工主观幸福感吗？——基于上海市2942个农民工生活满意度的实证分析 [J]. 中国农村经济，2020（2）：46-61.

[24] 程郁，罗丹. 信贷约束下农户的创业选择——基于中国农户调查的实证分析 [J]. 中国农村经济，2009（11）：25-38.

[25] 陈和午，李斌，刘志阳. 农户创业、村庄社会地位与农户幸福感——基于中国千村调查数据的实证分析 [J]. 农业技术经济，2018（10）：57-65.

[26] 陈华，曾昊，杨柳. "新农合"缓解了农村居民的贫困程度吗？ [J]. 科学决策，2017（10）：1-21.

[27] 陈琳. 人的全面发展：提升社会质量的根本途径 [J]. 人民论坛·学术前沿，2020（4）：106-111.

[28] 陈彦斌. 中国城乡财富分布的比较分析 [J]. 金融研究，2008（12）：87-100.

[29] 陈在余，江玉，李薇. 新农合对农村居民灾难性医疗支出的影响——基于全民覆盖背景分析 [J]. 财经科学，2016（12）：110-120.

[30] 陈志立. 《辞海》第七版缩印本 [M]. 上海：上海辞书出版社，2022.